DISLEXIA

DISLEXIA
Una forma diferente de leer
RUFINA PEARSON

 PAIDÓS.

Obra editada en colaboración con Editorial Planeta -Argentina

Título original: *Dislexia: Una forma diferente de leer*

Diseño de portada: Gustavo Macri

© 2017, Rufina Pearson

© 2017, Editorial Paidós SAICF – Buenos Aires, Argentina

Derechos reservados

© 2018, Ediciones Culturales Paidós, S.A. de C.V.
Bajo el sello editorial PAIDÓSM.R.
Avenida Presidente Masarik núm. 111, Piso 2
Colonia Polanco V Sección
Delegación Miguel Hidalgo
C.P. 11560, Ciudad de México
www.planetadelibros.com.mx
www.paidos.com.mx

Primera edición impresa en País: abril de 2017
ISBN: 978-950-12-9509-2

Primera edición impresa en México: enero de 2018
ISBN: 978-607-747-462-3

Impreso en los talleres de Litográfica Ingramex, S.A. de C.V.
Centeno núm. 162, colonia Granjas Esmeralda, Ciudad de México
Impreso en México –*Printed in Mexico*

A todos y cada uno de mis pacientes,
porque cada uno en todo momento fue
fuente de creación y disfrute.

Índice

CAPÍTULO 3. EL DIAGNÓSTICO

CAPÍTULO 4. EL TRATAMIENTO

CAPÍTULO 5. EL COLEGIO

Agradecimientos

Muchas son las personas a las que debería agradecer, y probablemente me olvide de alguna, pero intentaré reflejar al menos una parte del gran agradecimiento que siento.

En primer lugar, a Vanesa Hernández, que confió en mí, en lo que puedo aportar, y me dio la soltura para escribir sobre lo que vengo trabajando. También a mi tan comprensiva y respetuosa editora Mariana Morales.

En segundo lugar, a Josefina Pearson, mi hermana, colega y amiga, que contribuyó muchísimo con ideas para el libro.

A Liliana Fonseca y Ana Sánchez Negrete, que me brindaron críticas constructivas y se tomaron el trabajo de leer todo el manuscrito.

A todo mi equipo JEL Aprendizaje, que siempre aporta ideas y colabora en todos los proyectos de investigación: Agustina Striebeck, Ana Sánchez Negrete, Cecilia Bettinelli, Clara Tognetti, Dolores Rébora, Francisca Isasmendi, Inés Fernandez Murga, Isabel Cornejo, Ivana Corrado, Josefina Ramos, Juana Trussi, Julianne Foster, Julieta Vargas, Catalina Mullen, Lucía Ceriani, María José Bustamante, Magdalena Magrane, Magdalena Hermann, Mariana Serantes, Mariana Terán, Mercedes Terán, Mercedes Nazar Anchorena, Milagros Marcaida, Sofía Ruiz de Luque, Victoria Antonini, Ximena Aroza, Consuelo Payá y Josefina Pearson. Especialmente agradezco el soporte del equipo de producción y comunicación: Florencia Pearson, Lucía Sorgentini y Pilar Pearson.

A Celina Oribe, Macarena Izurieta, Sofía Ruiz de Luque, Eleonora Lasala, Verónica Podestá, Delfina y Enriqueta Pearson, que aportaron ideas valiosas.

También a todas las madres y pacientes que generosamente brindaron su testimonio para que sirva como ejemplo.

A las instituciones, docentes, padres y alumnos que siempre colaboran en las investigaciones que hacemos. Generar conocimiento y aprender sobre el desarrollo típico de las habilidades y de lo que sucede en la escuela sería imposible sin ellos. Gracias Ernesto Castellanos, Yiyita Greco, Florencia Silveyra, María Díaz Saubidet y a todo el equipo docente de la Asociación para la Promoción Educativa y Social (APDES) y del colegio Buen Consejo.

A mis grandes amigas y hermanas que me animaron, en esos momentos donde uno quiere bajar los brazos. En especial a Enriqueta, que se plegó a la aventura de alejarnos del cemento para poder encontrar la concentración para escribir.

No me canso de agradecerle a Gustavo Abichacra, que supo unir fuerzas para que se sancionara la ley de las Dificultades Específicas de Aprendizaje (DEA) a nivel nacional, porque va a cambiar la historia de los chicos con dislexia.

El testimonio de Verónica Podestá, madre de dos hijas con dislexia, y su empuje generoso para hacer un cambio que ayude a todos son fuente de energía y admiración para mí y seguramente para muchos otros.

Les doy las gracias también a Cristina Domenech y Diego Tejerina por sus aportes en la temática de alfabetización en cárceles.

Y siempre agradecida a Linda Siegel, a quien le debo mi formación en investigación y en dislexia.

Palabras preliminares: la dislexia y la práctica pediátrica

Como pediatras hemos cometido muchos errores por desconocer las DEA. Este error nos llevó a no detectarlas y no poder prevenir sus consecuencias. La formación docente y profesional en nuestro país desestimó el impacto personal y social que tienen las DEA en la población mundial. En el caso de la Argentina, esto se debió principalmente al enfoque psicogénico en la formación. Sumado al desconocimiento y a la negativa de poder incluir las neurociencias en ella.

Por suerte, existen en el país profesionales de primerísimo nivel con formación internacional, como es el caso de la doctora Rufina Pearson quien hoy nos permite acceder, por medio de este libro, al conocimiento profundo de la dislexia. Este aporte se basa en su formación científica de excelencia y su conocimiento en el terreno, y muestra humildad y apertura para el trabajo en conjunto.

Hoy gracias a profesionales como la doctora Pearson y tantos otros, la dislexia dejó de ser algo desconocido. Nosotros, los pediatras, sabemos cómo repercute en la salud de los niños, adolescentes y adultos la presencia de esta dificultad, tan común y —hasta ahora— tan poco conocida. En los consultorios pediátricos vemos con frecuencia niños con diferentes síntomas que hoy sabemos se deben a las DEA. Por ejemplo, cuando acuden a la consulta con cefaleas recurrentes en época escolar, que disminuyen o desaparecen cuando llegan las vacaciones. O con dolores abdominales, musculares o síntomas de ansiedad que se presentan los días domingos o antes de dar un examen. El pediatra, el fonoaudiólogo y otros profesionales debemos estar atentos al motivo de la consulta.

Nuestro sistema nervioso está integralmente constituido, y sus conexiones a través de sus terminales nerviosas y neurotransmisores reflejan en qué situación se encuentra nuestro cuerpo en esos momentos. Este entramado natural es la razón por la cual los niños pueden presentar diferentes síntomas frente al aprendizaje. Ya sea favoreciendo la liberación de sustancias que generan placer y ganas de seguir aprendiendo, o sustancias que son liberadas en situaciones de estrés y que impiden el normal funcionamiento de nuestro organismo.

Hoy uno entiende cómo, cuando estas situaciones se extienden en el tiempo, llevan especialmente a estos niños a enfermarse. La mala interpretación de estas conductas conduce a empeorar el cuadro de situación. Los niveles de estrés por los que pasan estos niños durante su escolaridad llegan a ser en ocasiones alarmantes y sumamente perjudiciales. El desconocimiento provoca que se sigan enfermando y no sean capaces de encontrar el equilibrio emocional, físico y espiritual necesario para el aprendizaje. De algún modo, se les van yendo las ganas de todo, de seguir intentándolo, como bien refiere Martin Seligman con el término *indefensión aprendida*. Este cuadro describe la falta de fuerzas para seguir intentándolo, ya que los resultados independientemente del esfuerzo realizado son siempre los mismos. Esta situación es interpretada como desgano o falta de actitud por parte de padres y docentes, cuando en realidad es la consecuencia de nuestro accionar. Así como los distintos síntomas pueden ocultar diferentes enfermedades, las diversas conductas, que son el reflejo de lo que la persona siente y piensa, también pueden ser el reflejo de que algo está andando mal dentro de la escolaridad. No siempre es la situación familiar la que lleva a un niño a presentar dificultades. Las conductas *no* definen, ni deben definir a las personas y menos a un alumno, a un niño que está aprendiendo y que tiene su cerebro emocional en pleno desarrollo.

Muchas veces los niños se sienten mal y concurren a nuestros consultorios debido a que esas conductas son mal interpretadas o, directamente, ignoradas –como si fuese algo normal–. Ahora que sabemos más sobre la dislexia, los padres, los docentes, y los profesionales tendremos que estar atentos porque detrás de lo que el paciente manifiesta puede existir una DEA.

Muchas gracias doctora Pearson, por su invalorable aporte.

DOCTOR GUSTAVO ABICHACRA

A modo de introducción: mitos sobre la dislexia

Antes de comenzar a desarrollar los temas que planteo en el índice, me gustaría compartir algunas de las creencias más comunes en torno a la dislexia con las que me suelo encontrar. Se trata de mitos o aseveraciones que nos dan una pauta de la falta de información y de la necesidad de prestar más atención al problema. Como comentaré más en detalle, la probabilidad de que un docente encuentre niños con dislexia en su clase es alta, aproximadamente dos o tres de cada veinticinco chicos pueden tenerla. Esto nos indica que es momento de desmitificar esas creencias erróneas que condicionan el tratamiento de esta condición y, lo que es mucho peor, pueden llevarnos a demorar la detección.

1. Yo tuve dislexia de niño

La dislexia no es solo cosa de niños, es una condición neurobiológica con la que se nace y que acompaña toda la vida. Los niños que están en etapa escolar se muestran más expuestos a la dificultad, pero esta no desaparece. En el mejor de los casos, se compensa y se aprende a convivir con ella. Pero los adultos seguirán teniendo dislexia.

2. No se puede diagnosticar
dislexia hasta los 7 u 8 años

Este es el mayor de los mitos y el más grave de todos. Muchos profesionales hablan de "signos de dislexia", pero no la rotulan, lo cual hace que los niños no sean diagnosticados a tiempo y se pierdan el momento más precioso o la "etapa de oro" para recibir estimulación y compensar la dificultad. También algunos docentes movidos por este mito, deciden "esperar hasta tercer grado" para derivar a un profesional. Esto era entendible cuando no se sabía cómo detectarla en forma precoz ni cuáles eran los indicadores específicos para asegurar un buen diagnóstico. Pero desde los años noventa que contamos con esa información y cada día se avanza aún más en la precisión de la detección. Es hora de que se termine de derribar este mito. Se sabe que cuanto más temprano se empiece un tratamiento adecuado, antes y mejor compensarán la dificultad. Se habrán evitado además una historia de dificultades escolares y, lo que es mejor aún, no se dañará su autoestima, porque encontrarán la manera de salir adelante antes y sin tanto sufrimiento.

3. Es cuando confunden la b
con la d o cuando invierten los números

Si bien es cierto que cuando hay dislexia la persona tiende a confundir el sonido que corresponde con cada letra, no se limita a la confusión de la b con la d. En primer lugar, lo importante es aclarar que se trata de un trastorno de la fluidez lectora, en el que las correspondencias entre letra y su sonido no se aprenden de manera automática, así como tampoco se activa debidamente el reconocimiento visual de los símbolos y palabras. Los errores que se cometen al leer son "asistemáticos", es decir, no siempre será la b por la d, sino que pueden darse otros errores g por j, a por e, o por u, o incluso otros errores que uno no imaginaría. La b y la d son especialmente difíciles de diferenciar porque se parecen mucho y la orientación espacial en símbolos requiere de la activación en el cerebro de la zona (o *caja de letras*) que identifica derecha-izquierda como relevante para dar validez a un símbolo (como explica Stanislas Dehaene en su libro *Aprender a leer*). La inversión o confusión de símbolos indica la inmadurez de la zona del cerebro vinculada al reconocimiento automático. Ello se da en personas no alfabetizadas o en proceso, por lo que es frecuente que al inicio de la escolaridad se confundan la orientación de letras y números, pero no más allá de primer grado.

4. Los disléxicos son zurdos o tienen lateralidad cruzada

Esta afirmación o noción fue muy arraigada en la sociedad a partir de algunos estudios que indicaban que en el caso de la dislexia se observaba falta de asimetría cerebral o desarrollo parejo de los hemisferios derecho e izquierdo, con el consecuente impacto en la lateralidad. Los análisis en cerebros de personas fallecidas con dislexia, fueron ampliamente superados por estudios que hoy en día muestran, en cerebros de personas vivas, cómo se activan de manera diferente las zonas del cerebro cuando lee una persona con dislexia y otra sin esa condición. Se pudo develar la causa y el proceder diferente. Lo cierto es que la lateralidad no es determinante, sino que un 50% puede mostrar zurdera o lateralidad cruzada. No sirve como instrumento diagnóstico, ni es de por sí un diagnóstico como algunos profesionales aún suelen denominar.

5. La dislexia es un problema de lenguaje

La dislexia no compromete el lenguaje en forma global aunque puede coexistir con un trastorno de lenguaje. En la dislexia se ven afectadas zonas del cerebro que también están implicadas en el lenguaje, por lo cual puede decirse que se ven afectadas algunas áreas del lenguaje como la memoria verbal, pero no es intrínsecamente un problema de lenguaje. Quienes padecen esta condición suelen destacarse por su excelente oralidad o lenguaje. La dislexia es una dificultad que impacta principalmente en la lectura fluida.

6. Son genios intelectualmente

Si bien una persona con dislexia tiene talento en otras áreas que denotan la diferencia respecto de su habilidad para la lectoescritura, no siempre son genios. En algunos casos desarrollan habilidades poco comunes vinculadas a la creatividad y al pensamiento matemático o visoespacial, pero no todas las personas con dislexia alcanzan el nivel de superdotación o talento. La dislexia es independiente del nivel intelectual, aunque se da en personas con un rango de inteligencia dentro de la normalidad.

7. Son brillantes para las matemáticas

En muchos casos, se observa un excelente rendimiento en matemáticas que contrasta con la capacidad para la lectoescritura, por ejemplo, grandes pensadores y matemáticos se han declarado disléxicos, pero no todas las personas con dislexia brillan en matemáticas. De hecho, muchos tienen dificultades simultáneas en el cálculo mental que se vinculan a lo que se llama una discalculia, e inicialmente también tienen dificultades para consolidar el sistema de numeración (nombre y escritura de los números, anterior-posterior, etc.).

8. Con la letra mayúscula leen mejor

Esto ha pasado a ser el gran mito. Se cree que dándoles el material escrito en mayúscula se favorece el reconocimiento de palabras y la lectura. No hay nada más lejano a esto. La letra mayúscula no favorece la activación de la zona del cerebro vinculada al reconocimiento de palabras, dado que no tienen forma diferenciada (todas las letras tienen la misma altura y forma semejante). En cambio, la tipografía minúscula promueve la diferenciación de las letras, por lo tanto, la memorización visual de las formas de las palabras vinculada con la lectura fluida. Una prueba muy simple es pasar todo un texto a mayúscula así se comprobará fácilmente que es trabajoso leerlo a nivel visual. La mayúscula es útil únicamente en la fase inicial, cuando los niños empiezan a leer palabras. Cuando ya logran reconocer palabras sueltas, lo que los lleva a la lectura fluida es el impacto de palabras con forma, lo cual está dado por la imprenta minúscula o bien por la cursiva (donde hay letras altas y bajas). Esta última tipografía está cayendo en desuso y tiene el aspecto negativo de ser muy sensible a las grafías particulares de las personas que la escriben.

9. Es mejor no enseñar inglés a los alumnos con dislexia

Se asume socialmente que los alumnos con dislexia se ven afectados cuando intentan aprender otro idioma, en particular el inglés, la cual es una de las lenguas más complejas en cuanto a la correspondencia de los sonidos con su forma escrita. No solo esto no es cierto, sino que los estudios realizados en disléxicos monolingües y bilingües muestran que estos últimos se ven beneficiados por la exposición a una segunda lengua. El estar en contacto con otra fonología y estructura gramatical les brinda herramientas lingüísticas con las que logran compensar mejor su dificultad. No se trata entonces de sacar el inglés de la currícula, sino de saber cómo enseñarles y qué aspectos les costarán más, como la ortografía (al igual que en el español); pero no se puede por ello quitarles la posibilidad de que sean bilingües.

10. Es mejor la escolaridad simple turno

También ha sido socialmente aceptado que la disminución de la jornada escolar es una adaptación recomendable para los alumnos con dislexia, dado que se fatigan mucho y luego deben asistir a un sinfín de tratamientos y maestros particulares. Esto no es así, si en la escuela se les brinda las adaptaciones necesarias, entonces pueden cursar doble turno sin perder el acceso a una educación de alta calidad. La fatiga y el exceso de tarea están dados por una falta de adaptación metodológica.

11. Hay más dislexia en la actualidad que en otras épocas

Se cree que toda problemática que se empieza a detectar más se sobrediagnostica o bien, ha aumentado. Ninguna de estas dos afirmaciones es adecuada. Lo que sucede es que a medida que se investiga sobre una dificultad, se sabe cómo reconocerla y se desarrollan herramientas que permiten detectarla, mientras que en el pasado pasaba desapercibida. Es así que antes de saber diagnosticar dislexia, se tachaba de vagos o desatentos a muchos de los chicos, o sencillamente se les decía a los padres que su hijo era "duro" y que sería mejor pasarlo a otro colegio con menor exigencia. Así la población con DEA que no fue diagnosticada y que hoy tiene como mínimo más de 40 años, nunca supo que tenía dislexia o alguna de las dificultades específicas, sino que atribuyeron sus dificultades a falta de estudio, desatención o lo que es peor, baja inteligencia. Hoy se sabe cómo detectar la dislexia a partir de los 4 o 5 años y se puede diagnosticar fácilmente en primer grado, lo cual hace parecer que han aumentado los diagnósticos, pero simplemente se detectam casos que antes no se detectaban. En una investigación de nuestro equipo observamos que tan solo el 5% es efectivamente diagnosticado, pero el 13% presenta dificultades específicas.

Capítulo 1

Generalidades

Como mamá de dos niños con dislexia, me he enfrentado a la creencia de que no se debe rotular a nadie y por ende, que no se puede decir que alguien tiene dislexia. Pero, para los padres de niños con esta condición, más que rotular significa poder encontrar una solución a los problemas de nuestros hijos, una solución para ayudarlos, para poder abordar el colegio, la vida... Porque si uno no tiene el diagnóstico de lo que es la dislexia, se pierde mucho tiempo y si perdemos el tiempo, hacemos que nuestros hijos sufran porque, en definitiva, su parte emocional se irá debilitando, ante la falta de respuestas a sus preguntas y a las nuestras.

MARINA, MADRE DE SIMÓN Y TEO,
DOS NIÑOS CON DISLEXIA

¿Qué es la dislexia?

La dislexia es una dificultad puntual, específica, en la lectura precisa y fluida, en la automatización del proceso lector. También se lo conoce como Trastorno de Lectura o Dificultad Específica en el Aprendizaje de la Lectura (DEA). Estos términos son usados de manera intercambiable y significan lo mismo. Las personas con dislexia se caracterizan por tener una inteligencia promedio o normal, oportunidades socioculturales y de enseñanza, y no tienen dificultades físicas (visuales o auditivas) que puedan ocasionar problemas lectores. En realidad, estas dificultades lectoras se manifiestan por un déficit en la adquisición de la lectura y en el logro de la lectura fluida de palabras y textos. La dislexia también afecta el desempeño en tareas vinculadas con la lectura, como pueden ser la comprensión lectora, el desarrollo del vocabulario, la ortografía, la precisión escrita y los aprendizajes que implican la memoria verbal, como recordar los nombres de las letras, los meses del año o las tablas.

En este punto es importante aclarar que no existe un llamado *retraso lector* que con el tiempo se compensará. La dislexia es un trastorno de aprendizaje de origen neurobiológico que puede ser detectado en edad temprana por características particulares que aparecen en pruebas específicas. No es necesario *esperar* a que se produzca un retraso en el rendimiento para detectarlo y, de hecho como veremos más adelante, es importante no esperar. Durante mis años de experiencia, me he encontrado con profesionales que aconsejan *esperar* a que el alumno termine el tercer grado para diagnosticar, pero esto se debe a una falta de formación, ya que la dislexia se puede detectar de modo mucho más precoz y es importante para la persona y su entorno establecer un panorama temprano de qué es lo que sucede para no alimentar falsos procesos.

La dislexia es el trastorno del aprendizaje más frecuente entre la población infantil, pero que no desaparece en la adultez, sino que es de carácter permanente por lo que la persona aprende a convivir con esta condición con un costo diferente si sabe de ella o si no. Su prevalencia, es decir, el porcentaje o presencia posible de la dificultad en la población, se estima entre el 5 y el 10%, aunque según algunos estudios puede alcanzar el 15%. Para plantearlo de una forma más clara, si pensamos en una clase de veinticinco alumnos, dos o tres tendrían dislexia.

Desglosaré algunas de las características que menciono en esta definición.

Inteligencia normal o promedio

Quisiera detenerme aquí para señalar de qué hablo cuando menciono "inteligencia normal o promedio". La inteligencia es el potencial cognitivo que cada persona trae desde el nacimiento pero que se manifiesta en la interacción con el medio cultural, el cual puede favorecer o no su desarrollo. Este potencial se puede medir con técnicas específicas y ubica a la persona en un rango respecto de la población de su edad. Un test ampliamente utilizado por especialistas es el test de Wechsler (más conocido como WISC), que brinda una estimación del potencial de tipo numérica, denominada *coeficiente intelectual* (CI), en la que un puntaje de 100 se considera la media justa. Una persona con un CI en el rango promedio (igual o mayor a 70) o por encima de lo que se considera deficiente tiene lo que llamamos *inteligencia normal* y no debería tener dificultad para aprender a leer y escribir.

Por eso, si bien la dislexia no se diagnostica con un test de inteligencia, igualmente se evalúa. Es decir, se considera que la variable intelectual no puede explicar las dificultades lectoras que se hacen evidentes más allá de poseer un satisfactorio potencial intelectual, por lo cual es necesario evaluar la destreza lectora con pruebas específicas.

Oportunidad sociocultural

Para hablar de dislexia, la persona debe haber sido expuesta a instrucción explícita, es decir, a enseñanza en el proceso lector. Por eso, es más difícil de diagnosticar en entornos socioculturales con menores oportunidades, porque la variable enseñanza se encuentra enturbiada por el factor ambiental. Es necesario que a una persona (niño o adulto) se le enseñe a leer antes de que se le diagnostique dislexia. ¿Cuánto tiempo es necesario que se lo exponga a ese proceso? Dado que el español es una lengua de fácil aprendizaje porque a cada letra solo le corresponde un sonido, se espera que con tres meses de enseñanza la persona comience a leer. Es decir, para despejar este factor, se brinda enseñanza.

Y si no hay duda de que el niño/adulto ha sido expuesto a la enseñanza, ya a los tres meses se puede diagnosticar la dificultad si se la evalúa adecuadamente. En otras lenguas más complejas, como el inglés, el proceso de aprendizaje es más dificultoso y se necesita mayor tiempo para aprender a leer con fluidez que en una lengua como el español. Así es que el tiempo de exposición y el tipo de enseñanza están determinados por las características de la lengua en la que se aprende a leer.

Ausencia de dificultades físicas

Hace cuarenta años o incluso antes, poco se sabía acerca de la causa de la dislexia, entonces se utilizaba como factor de evidencia de algo específico, el hecho de que la persona con dificultades en la lectura no contaba con algún otro trastorno sensorial o físico que justificara las dificultades lectoras. Es decir, los problemas en la lectura no se debían a otro trastorno auditivo, visual o neurológico. Si bien esta alusión no define a la dislexia, es importante que el profesional o evaluador descarte primero la posibilidad de que la persona tenga asociado alguno de estos trastornos. De ser así, primero se les debe dar tratamiento y, una vez solucionados, comprobar si persisten las dificultades lectoras, sin postergar la estimulación en la lectura, dado que si se trata de una dificultad específica asociada a un compromiso sensorial, se habrá perdido tiempo valioso de intervención.

Cuando un niño ingresa a primer grado, es obligación del colegio pedir un examen oftalmológico y auditivo, lo que colabora mucho en la detección precoz de las dificultades sensoriales y también ayuda a descartar su incidencia en la adquisición de la lectura. Hay que señalar que, más allá de lo expuesto, puede suceder que alguien tenga dificultades sensoriales y además, de manera conjunta, tenga asociada una dislexia. Será importante que el evaluador determine la diferencia entre cada problemática.

Déficit en la adquisición de la lectura fluida

La dislexia afecta el proceso de adquisición de la lectoescritura y su automatización (fluidez para decodificar). Es decir, la persona muestra dificultad para iniciarse en la lectura, por lo cual las dificultades ya son visibles en preescolar o primer grado, y para asignar con agilidad los sonidos a las letras. Muchas veces se minimizan las dificultades porque se considera que el niño es aún "pequeño" y se posterga la detección y el tratamiento de la dislexia. Es importante estar alertas desde primer grado dado que al detectar tempranamente la diferencia que se logra en la compensación de la dificultad lectora es significativa y evita que el niño se frustre y afecte su autoestima.

Una vez terminado el primer grado, se hará evidente que el alumno presenta dificultad para alcanzar la fluidez en la lectura, lo que además comenzará a ser más visible cuando se lo compare con sus pares. Si estas dificultades no son detectadas, la brecha con sus compañeros se hará cada vez mayor, dado que la lectura y la escritura son habilidades básicas en las que se centra la enseñanza. Entonces, las dificultades que en un principio eran específicas para la decodificación lectora (conversión de letras en sus sonidos) y el reconocimiento de palabras empezarán a afectar la comprensión lectora (por la dificultad para leer en forma precisa y fluida), la escritura y el rendimiento en otras áreas.

Afecta el desempeño en otras tareas

Si bien las dificultades son específicas, dado que la dislexia implica el compromiso de un procesador cerebral que también

29

participa en otras habilidades o tareas, impacta en el logro de otras destrezas/aprendizajes.

La dislexia es causada por un funcionamiento deficiente de un procesador cerebral llamado *fonológico*, el cual no accede con automaticidad a la asociación de letras y sus sonidos, con la consecuente baja activación de zonas involucradas en la lectura fluida. Esto impacta también en la memoria verbal, fundamentalmente en la memoria de largo plazo y en la "evocación" o habilidad para traer de la memoria palabras, hechos numéricos, e información que debiera ser recordada de manera automática. Por ejemplo, es común que en el primer ciclo muchas personas con dislexia tengan dificultad para recordar además de las letras, los nombres de los números, estrategias de conteo eficiente, los días de la semana, los meses del año, la serie ordenada de números (el cambio de una decena a la otra). En el segundo ciclo escolar y posteriormente, estas personas no recordarán las palabras exactas que estudiaron y las sustituirán por otras, tampoco recordarán las tablas ni las combinaciones numéricas por lo que continuarán contando con los dedos. La falta de experiencia lectora también impactará en el vocabulario, la comprensión lectora y el modo de estudio. Por último, las dificultades en la autonomía escolar dejarán su huella en el entorno familiar y si persisten en el tiempo, conformarán un autoconcepto negativo.

La dislexia no es una enfermedad

Si pensamos en "enfermedad" como el hecho de tener un rasgo cualitativamente distinto de la población sana, que además tiene un inicio posterior al nacimiento, un desarrollo con incremento de la dificultad y una cura, la dislexia no es una enfermedad.

Sí podemos decir que es una "condición". En las personas con dislexia, el cerebro se desarrolla de manera diferente al de una persona sin dislexia, lo cual es comprobable por estudios de neuroimagen. En estos estudios se ve una activación diferente de distintas zonas del cerebro cuando se efectúa el acto lector. Esta condición determina que una persona tenga cierta dificultad para algunas tareas y cierta facilidad para otras.

Si bien no es una enfermedad, constituye un trastorno. El hecho que la enseñanza esté basada en el proceso lectoescrito condiciona a la persona con dislexia toda su vida escolar, y se denomina *trastorno* porque afecta la calidad de vida, el aprendizaje y porque medido por pruebas estandarizadas, el rendimiento en la habilidad lectora se ubica en el nivel considerado *deficiente*. Por otro lado, en la mayoría de los casos, esta condición pone a la persona en ventaja para tareas que implican la percepción visoespacial, la construcción y el pensamiento creativo.

¿ES HEREDITARIA?

La palabra *hereditaria* significa que los rasgos o características se transmiten por información genética de padre a hijo, es decir, que es información presente en los genes de un grupo familiar, así como el color del cabello o de los ojos. Esto nos indicaría que un padre con determinado trastorno o condición probablemente tenga un hijo con el mismo trastorno o condición. La dislexia entra en esta teoría: es un trastorno reconocido como hereditario. Para ponerlo en cifras:

- el 40% de los hermanos de niños disléxicos tienen en mayor o menor grado el mismo trastorno;

- entre los padres de niños disléxicos la prevalencia para dicho problema alcanza entre el 27 y el 49%;

- un niño cuyo padre sea disléxico tiene un riesgo ocho veces superior al de la población media de padecer este trastorno.

Los genes que se creen implicados en la dislexia han sido detectados en los cromosomas 15 y 6, pero los resultados no son concluyentes. En otras palabras, si bien se sabe que es una condición hereditaria y que se transmite de padres a hijos, todavía no se ha aislado con precisión el gen involucrado, por lo que un estudio genético todavía no permite detectar la dislexia.

Igualmente, en la práctica podemos observar frecuentemente que un padre o madre con dislexia muy probablemente tiene hijos con la misma condición, es decir que cada hijo tiene un 50% de posibilidades de presentar el mismo trastorno. Saber, como siempre, nos ayuda a anticiparnos y detectar la dislexia en forma temprana. Muchas veces son los hijos los que alertan a los padres que ellos también padecen el mismo trastorno, pero hoy en día se cuenta con mayores recursos de detección, que servirán a las generaciones venideras para que realicen un control preventivo a los 4 o 5 años. Gracias a estos estudios pueden detectarse indicadores de riesgo que nos permitirán diagnosticar con precisión si existe o no dislexia ya en primer grado.

El conocimiento de la presencia del gen hereditario permite trabajar en forma temprana, desde los 5 años, lo que redunda en una disminución notoria de la dificultad, que se puede compensar en forma exitosa durante su preescolar y primer grado. De este modo, no solo se le brinda a la persona herramientas, sino que se evita la frustración que generarían las dificultades sin un diagnóstico y –aún más importante– sin un tratamiento temprano que la ayude a generar de manera exitosa la compensación y activación cerebral.

La causa de la dislexia

En los últimos años se ha puesto gran energía en develar los alcances y la causa de las dificultades en la adquisición de la lectura. Estudios basados en pruebas que exploran los procesos cognitivos, demostraron que las personas con dislexia –sin importar la edad, ni el nivel intelectual– presentan un déficit en las habilidades de procesamiento fonológico, lo que impacta en el logro de la fluidez lectora de palabras y textos, y por esto en la comprensión de lo leído. Esto es fácilmente detectable por pruebas neurocognitivas de lectura de pseudopalabras, palabras y textos con límite de tiempo, así como con pruebas de habilidades fonológicas vinculadas al acto lector.

Los estudios más actuales sobre factores neurobiológicos en dislexia utilizan la modalidad de neuroimagen funcional. Si bien no se sabe con certeza qué ocasiona realmente el funcionamiento distinto (se cree que por determinación genética existe una migración neuronal diferente), este se puede demostrar mediante estudios de neuroimagen.

Entre las diversas modalidades se distinguen la tomografía por emisión de positrones (PET, por su sigla en inglés) y la resonancia magnética funcional (fMRI, por su sigla en inglés), entre otras, que miden los cambios en el cerebro durante el procesamiento cognitivo. Se reflejan los cambios metabólicos mediante el uso de glucosa o cambios en la corriente sanguínea de una sección del cerebro mientras se realiza determinado procesamiento cognitivo.

El cerebro tiene dos hemisferios (derecho e izquierdo) y cuenta con áreas o procesadores que están involucrados en distintas actividades. Las personas con buen rendimiento en la lectura muestran un patrón de activación en las zonas visuales, las occipitales izquierdas del cerebro. La zona fonológica se activa frente al inicio del proceso lector o frente a palabras desconocidas. El área visual muestra que el cerebro ya ha guardado la forma visual de las palabras y las reconoce, luego se produce una activación en las áreas de significado y acceso rápido (temporal y parietal) de los dos hemisferios, y finalmente la activación simultánea de las tres áreas en el hemisferio izquierdo.

FIGURA 1.1
Áreas involucradas en la lectura típica
(hemisferio izquierdo)

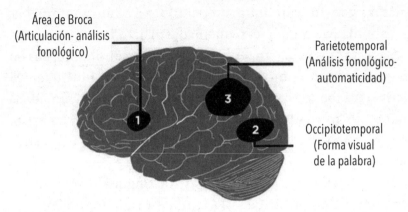

Área de Broca
(Articulación- análisis
fonológico)

Parietotemporal
(Análisis fonológico-
automaticidad)

Occipitotemporal
(Forma visual
de la palabra)

En contraste, personas con dislexia activan las mismas áreas del hemisferio derecho y muestran pobre o baja activación del hemisferio izquierdo en la zona visual o de reconocimiento de palabras.

Investigadores reconocidos como Sally Shaywitz, Bennett Shaywitz y Kenneth Pugh hallaron evidencia de mayor activación de regiones del hemisferio derecho (frontal y temporal parietal), que refleja procesos compensatorios para la lectura de palabras. Los hallazgos más consistentes revelan falta de activación en la zona posterior del hemisferio izquierdo (occipitotemporal y parietotemporal) que se encarga del reconocimiento fluido de palabras. Asimismo revelan un aumento de la actividad del área fonológica (prefrontal) izquierda, que se asocia a la utilización de los recursos fonoarticulatorios para decodificar palabras desconocidas o pseudopalabras (por esto se utilizan este tipo de pruebas en la detección de las dificultades lectoras), y una mayor activación de los circuitos frontal y posterior del hemisferio derecho como recurso compensatorio.

FIGURA 1.2
Activación frente a la lectura de pseudopalabras o palabras desconocidas

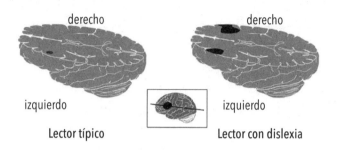

derecho   derecho

izquierdo   izquierdo

Lector típico   Lector con dislexia

FIGURA 1.3
Activación frente a la lectura de palabras

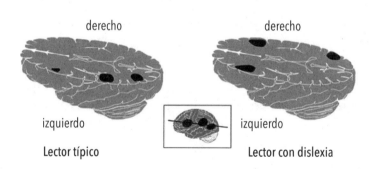

derecho   derecho

izquierdo   izquierdo

Lector típico   Lector con dislexia

En todos los casos, esta activación diferente se vincula con niveles bajos de lectura en pruebas estandarizadas, es decir, a pesar de mostrar activación compensatoria, el resultado que se obtiene es una lectura poco fluida.

Si bien estudios como la tomografía y la fMRI pueden mostrarnos estos procesos, son caros, algo invasivos y muchas veces dan a la persona la sensación de que padece una enfermedad por lo tedioso de entrar en el resonador. La realidad es que podemos obtener un resultado igual de eficiente mediante otras pruebas que exploran los procesos cognitivos, por lo que no se usan con tanta frecuencia las PET y las fMRI como pruebas de diagnóstico, de comprobación de la evolución o de respuesta a la intervención.

Actualmente los investigadores están realizando estudios pre- y posintervención en estrategias lectoras, en los que se observan cambios considerables en la activación cerebral de las zonas del hemisferio izquierdo involucradas. Los resultados de estos estudios sugieren que, mediante instrucción específica o explícita, los circuitos neuronales que sustentan la identificación fluida de palabras en el hemisferio izquierdo pueden ser activados mediante tratamiento.

También existe una nueva línea en la investigación de la neurobiología de la dislexia que apunta a encontrar las bases neuroquímicas de las diferencias individuales en el desarrollo de la lectura. El doctor Kenneth Pugh, junto con otros investigadores, estudia la base neurobiológica de la dislexia y mostró en un estudio con niños que se iniciaban en la lectura que la mayor o menor concentración de ciertas sustancias químicas se asociaba al nivel lector. Este es un campo aún no muy investigado pero que promete ahondar en las causas profundas de base neurobiológica, lo cual impactará tanto en el modo de diagnóstico como en el de intervención. De lo que no hay duda es de la base neurobiológica de la dislexia.

La dislexia y el nivel social

Las dificultades en la lectura no distinguen nivel social porque surgen de condiciones neurobiológicas y hereditarias. Sin embargo, en sectores socioeconómicos más vulnerables, es más frecuente encontrar alumnos que se retrasan en el aprendizaje de la lectura porque tienen un bajo desarrollo del lenguaje, lo que dificulta que adquieran rápidamente la habilidad para analizar los fonemas que lo componen (conciencia fonológica) y para asociarlos a las letras.

Los niños que crecen en un contexto de pobreza tienden a tener mayores dificultades en la iniciación lectora por falta de oralidad. Si no se les proporcionan mayores posibilidades de instrucción sistemática, se amplía la brecha entre los niños que comienzan la escolaridad con un mayor desarrollo de la oralidad y los que han tenido menores oportunidades de desarrollarla por provenir de un ambiente pobremente estimulado y alfabetizador.

Si estamos frente a uno de estos casos, es importante realizar una instrucción explícita en el lenguaje oral y en su análisis para que los alumnos puedan descubrir que está compuesto por fonemas. Una vez que son expuestos a mayor lenguaje oral y a su análisis, serán capaces de nivelar las dificultades iniciales en el aprendizaje de la lectura.

Estas diferencias de origen ambiental suelen desaparecer en el segundo grado del colegio o luego de dos años de instrucción. Es decir, en sectores socioeconómicos vulnerables con falta de exposición a la lengua oral, los alumnos pueden retrasar más el aprendizaje de la lectura sin ser por este motivo catalogados de disléxicos. La diferencia en este caso puede subsanarse con mayor exposición. Luego de despejada la variable ambiental, el porcentaje de alumnos que presentan dificultades es semejante al de sectores socioeconómicos medios o altos.

Ahora bien, a pesar de una adecuada instrucción, los niños con dislexia presentan dificultades incluso si pertenecen a un sector socioeconómico alto, con adecuada exposición a la lengua oral. ¿Por qué la importancia de la lengua oral? Porque la conciencia fonológica o habilidad para analizar los fonemas que componen la lengua oral y asociarlos a sus letras –la habilidad precursora de la lectoescritura– se apoya en un adecuado desarrollo de la lengua oral.

En sectores sociales donde los niños son altamente expuestos a estimulación lingüística, es incluso más sencillo determinar la presencia de una dificultad específica porque no presentan impacto ambiental. Ante la mínima duda de si el niño tiene o no la dificultad en el proceso de lectoescritura, lo adecuado es darle instrucción explícita, es decir, enseñarle las letras, sus sonidos y cómo se unen para la lectura. Si el niño no presenta una dificultad específica (dislexia), en un período breve (mínimo 5 clases, máximo 12) aprenderá a leer con relativa fluidez. Si en cambio las dificultades persisten, se sabrá que se trata de una dificultad específica.

Tipos de dislexia

Existen numerosos estudios que hablan sobre la existencia de diversos tipos de dislexia. En una revisión de la literatura, Frank Vellutino y Jack Fletcher remarcan que, según la orientación teórica del investigador, se habla de dislexia fonológica o dislexia superficial, dislexia con dificultades en la precisión o en la fluidez, dislexia con compromiso de habilidades fonológicas o de la rapidez en la nominación de palabras. Todas estas clasificaciones son sobre todo de origen teórico y se basan en algunos estudios que las avalan y en otros que son menos consistentes. Pero lo que sí se puede afirmar es que todos presentan un compromiso del procesador fonológico que impacta en la lectura fluida, y que lo importante es detectarlos y darles una intervención eficaz.

Estos subtipos quizás son más diferenciables en lenguas opacas, como el inglés, en las que existen muchas palabras irregulares. En cambio en español, los tipos son más difíciles de diferenciar y se clasifica a los pacientes por un perfil clínico que se encuentra en relación con la edad o la etapa de lectura en la que se realiza la detección. Los distintos tipos clínicos, en mayor o menor medida, muestran compromiso fonológico, pero los que han sido más expuestos a la lectura cuentan con mayores recursos ortográficos o mayor capacidad de reconocimiento visual de palabras. Esto quedó demostrado por diversas investigaciones: cuando agrupaban a los niños con dislexia con niños de su mismo nivel lector, las diferencias o subtipos tendían a desaparecer, y quedaba como único factor el déficit fonológico.

Podría decirse que en español los disléxicos en etapas iniciales presentan una lectura puramente fonológica, luego adquieren recursos ortográficos y van madurando hacia una lectura más visual, lo que les permite leer con cierta habilidad textos con palabras frecuentes y fáciles de decodificar fonológicamente, aunque encuentren dificultad en las palabras difíciles. No obstante, como remarca Joseph Torgesen en una de sus investigaciones, y como encontramos en un estudio con mi equipo de trabajo, existe un grupo de disléxicos que presenta un trastorno fonológico más persistente y severo que no responde de manera tan eficiente a la intervención, no desarrolla agilidad en el reconocimiento visual de palabras, persiste en una lectura lenta y con gran dificultad en la lectura de pseudopalabras. Muchos de estos casos presentan una velocidad baja de nominación o problemas de atención asociados. Sin dudas, estos casos se ven aún más entorpecidos si la intervención se realiza de manera tardía, es decir, a partir de tercer grado.

La cura de la dislexia

Dado que la dislexia no es una enfermedad, no es apropiado decir que "se cura". Tampoco es apropiado que alguien diga "cuando yo era chico tenía dislexia o tuve dislexia" porque la dislexia es una condición permanente, que se aprende a compensar y a la que, en el mejor de los casos, la persona aprende a sacarle provecho.

Tener dislexia no refiere a un cerebro "enfermo", sino a un cerebro que se configura de manera diferente. La persona podrá de a poco encontrar beneficios a su particular condición o perfil cognitivo, y a la manera que impacta en la adquisición de algunas otras destrezas.

La ciencia en los últimos años ha avanzado de manera contundente y se ha demostrado en estudios de neuroimagen que las personas con dislexia tienen una menor activación en las zonas relacionadas con la lectura fluida. Sin embargo, luego de una intervención apropiada, logran una mayor activación en las zonas del hemisferio izquierdo que no da si no se recibe el tratamiento adecuado. Es decir, se logran compensaciones exitosas, pero persiste una activación diferente en el área cerebral vinculada con la lectura de palabras complejas, lo que en términos científicos se llama *activación o procesamiento fonológico*.

Como ya he mencionado, la destreza de leer y escribir impacta totalmente en la calidad de vida académica de la persona con dislexia, dado que la escolaridad está basada en la lectura y la escritura. Pero del mismo modo, reitero que la condición de dislexia habilita para el desarrollo de destrezas que quizás no son las exigidas por la sociedad o hasta son desconocidas para la propia persona que las posee. Ese es el desafío de padres, profesionales y de la persona con dislexia: descubrir áreas en las que la condición sea un beneficio y encontrar caminos para que el cerebro "compense" la dificultad lectora. Está demostrado que esto puede ocurrir y ocurre, si se interviene de manera precoz y con un tratamiento eficiente que apunte al desarrollo de los procesos cognitivos involucrados en la lectura fluida.

La importancia de la prevención

Prevenir es tomar precauciones o medidas por adelantado para evitar un daño, un riesgo o un peligro. En el contexto que nos atañe, prevenir implica contar con indicadores de riesgo que nos permitan tomar medidas para evitar la frustración, pero de ningún modo podemos pensar que es posible detener la aparición de la dislexia, que tiene que ver con una información genética. Prevenir, en este contexto, es disminuir la intensidad de la dificultad o, más bien, estar preparados para enfrentarla y así contribuir a que no cause un daño en áreas donde no debería impactar, como por ejemplo la autoestima o la socialización.

Debido a que hoy se conoce la causa de la dislexia, es posible encontrar *indicadores de riesgo temprano* ya a los 4 años. Estas señales se descubrieron en estudios de niños desde preescolar hasta el fin de la primaria, en los que pudieron aislarse las habilidades de nivel inicial, que luego predecían el rendimiento obtenido en destrezas de lectura.

Luego de más de veinte años de estudios, entre los que cabe citar los de Linda Siegel, Jane Oakhill, Richard Wagner y Joseph Torgesen, hoy se conocen los *predictores* más importantes de la habilidad lectora posterior, es decir, los indicadores de cómo será la destreza en la lectura antes de que esta se logre. El más relevante es la denominada *conciencia fonológica*, y se refiere a la habilidad para manipular los sonidos aislados del habla en forma mental. Es la noción de que el lenguaje que utilizamos para comunicarnos oralmente se puede analizar en diferentes unidades de sonido (palabras, sílabas, fonemas o sonidos). Junto con una enseñanza explícita (directa) de las letras del abecedario, esta conciencia lleva a que el niño comprenda cómo hacer para leer y escribir (principio alfabético).

Ahora bien, otros estudios también demuestran que existen otros predictores o indicadores de la habilidad lectora como el reconocimiento de las letras. Entonces se podría decir que existen dos funciones críticas (predictoras) para aprender a leer: conciencia fonológica y conocimiento de letras. Estas habilidades se influencian recíprocamente y ambas, juntas, inciden en el desarrollo de la lectura. Entrenar una destreza debería ayudar a mejorar la otra. De esto existe amplia evidencia en estudios internacionales, como los de Eileen Ball y Benita Blachman, Vellutino y sus colaboradores, Linda Siegel, Rebecca Treiman o los de Richard Wagner y Joseph Torgesen, por mencionar algunos. Asimismo en español hay investigaciones como las de Kim Lindsay y Franklin Manis, Sylvia Defior Citoler y Francisca Serrano o Marina Ferroni y Beatriz Diuk, Ariel Cuadro y también en nuestro equipo de investigación que demuestran que el conocimiento de letras y la habilidad para manipular sonidos están relacionados con estadios tempranos del aprendizaje de la lectura y de la escritura. Estas habilidades se necesitan mutuamente, es decir, un niño no puede lograr la lectura con un buen reconocimiento de letras y baja conciencia fonológica ni viceversa: un buen nivel de conciencia fonológica sin exposición a las letras tampoco permite alcanzar la lectura. Por lo tanto, ambas destrezas por separado no son suficientes para el aprendizaje de la lectoescritura. Se necesita tanto de la conciencia fonológica como del conocimiento de letras para acceder a la lectura.

Un modelo de causales-predictores de la lectura inicial podría simplificarse en el siguiente cuadro:

42

GRÁFICO 1.1

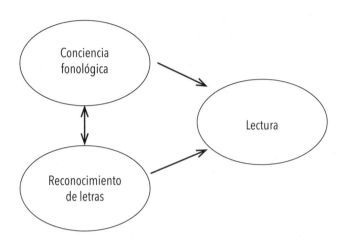

Existe un tercer predictor que cada vez toma más fuerza en el tratamiento de la dislexia que es el nivel de escritura que un niño alcanza en preescolar. Este predictor se encuentra condicionado a la experiencia de escritura, es decir, a la oportunidad que se le brinda al niño para poner en funcionamiento su conocimiento de letras y conciencia fonológica en la representación escrita de los fonemas del habla. La experiencia de escritura depende de, y también potencia, el desarrollo de las habilidades fonológicas y el dominio del principio alfabético. Un niño que ha sido estimulado en estos tres predictores se encuentra mejor preparado para enfrentar un primer grado más allá de si cumple o no criterio de dislexia. El haber sido expuesto a una intervención o enseñanza basada en estos tres predictores lo habrá puesto en superioridad de condiciones y aumentará el éxito en la adquisición de la lectoescritura.

También están cobrando importancia en la investigación otros predictores como la velocidad para nombrar objetos, la memoria verbal y el vocabulario. Estos predictores son más complejos de evaluar por el docente, pero tienen impacto en el aprendizaje. Es posible igualmente, que en diagnósticos realizados por profesionales se los considere como relevantes dado que la investigación muestra que impactan en el aprendizaje de la lectoescritura.

Aquí les dejo algunos links a videos explicativos sobre la dislexia:

➤ Jack Fletcher: <www.youtube.com/watch?v=DOhy-xPxLIQ>.

➤ Cómic: <www.youtube.com/watch?v=jwW15ARSkd8>.

➤ Guinevere Eden: la dislexia y el cerebro: <www.understood.org/es-mx/learning-attention-issues/child-learning-disabilities/dyslexia/video-dyslexia-and-the-brain>.

➤ Kenneth Pugh: Qué es la dislexia: <www.youtube.com/watch?v=xACBr9BusRM>.

➤ Gustavo Abichacra: <www.youtube.com/watch?v=huyxTmEtwLc>.

➤ Fragmento de la película *Estrellas de la Tierra*: Explicación sobre qué es la dislexia: <www.youtube.com/watch?v=u795wdRPV5w>.

➤ Kelli Sandman-Hurley: <www.youtube.com/watch?v=zafiGBrFkR-M&feature=youtu.be>.

Capítulo 2

La detección

Descubrí que soy disléxica gracias a mis hijos. Tuve una primaria difícil, repetí segundo grado y me tildaban de burra. Me sentía también enferma, porque me hacían estudios como el electroencefalograma, me ponían cablecitos en la cabeza... tenían que buscar una explicación de lo que me pasaba. Abandoné el secundario luego de repetir primer año y tiempo después, me llamaron del colegio para decirme que creían que uno de mis hijos tenía dislexia. Hoy tengo 43 y creo que hasta los 42 fui a terapia por el mismo motivo: para saber y superar qué era lo que yo tenía de chica. Cuando a uno de chico lo marcan, lo puede llevar para toda la vida.

PAOLA, DISLÉXICA DIAGNOSTICADA EN EDAD ADULTA Y MADRE DE DOS HIJOS CON DISLEXIA, UN CASO DETECTADAO EN EDAD TEMPRANA, OTRO EN FORMA TARDÍA

¿Cómo saber si mi hijo o alumno tiene dislexia?

Para saber si las dificultades que notamos responden a una dislexia, la mejor manera es hacer una evaluación diagnóstica realizada por un profesional capacitado. No obstante, es importante que tanto padres como docentes cuenten con las herramientas necesarias para una detección inicial sobre la cual luego hacer la derivación al profesional apropiado. Aquí propongo indicadores posibles según cada edad.

Nivel inicial/3 a 6 años

La dislexia se diagnostica formalmente una vez que el niño es expuesto a la enseñanza formal de la lectura, en primer grado, pero existen tres indicadores tempranos de riesgo de alta confiabilidad: conciencia fonológica, reconocimiento de letras y nivel de escritura. Si su desarrollo no sigue lo esperado según cada edad, se considera que el niño se encuentra en riesgo de presentar dificultades en la adquisición de la lectoescritura, por tanto, de mayor porcentaje para presentar dislexia.

La *conciencia fonológica* es la habilidad para analizar y manipular los sonidos del lenguaje oral. Esta destreza se detecta por la habilidad del niño para rimar, separar en sílabas, aislar sonido inicial y deletrear. La capacidad para rimar y silabear son parte de la conciencia fonológica pero no indican si un niño tendrá o no dificultades posteriores. De estas habilidades la que tiene mayor predicción de la capacidad lectora es la detección del sonido inicial de las palabras. Los niños logran esta habilidad entre los 4 y 5 años, lo que les permite entender que el lenguaje oral que usan para comunicarse tiene rasgos fonéticos que luego aprenden a representar por escrito. Un niño con dislexia tiene dificultad en la adquisición de esta habilidad.

Los niños de 3 años son capaces de rimar y separar en sílabas, y algunos hasta de tomar conciencia del sonido con el que empiezan las palabras con vocal. Los de 4 años pueden detectar fácilmente el sonido inicial de palabras que inician con vocal, mientras que a los 5 ya son capaces de detectar el sonido de palabras que empiezan con consonante. Para estimular esta habilidad existen muchos juegos, y es importante que el niño vea el dibujo de la palabra (no su escritura), para que luego imagine en su mente la palabra, y empiece a "analizarla". La conciencia fonológica es la capacidad para analizar los sonidos del lenguaje. Por eso se le dice: ¿Con qué empieza Mmmmmmariposa? Para que aísle la M, deberá primero extenderla. Una vez que la aísla, si conoce la letra que suena de esa manera y su representación escrita, podrá empezar a entender el principio alfabético.

Para evaluar este indicador en el ámbito escolar, se pueden brindar dibujos para que asocie aquellos que empiezan con el mismo sonido o bien administrar alguna prueba detectora.

FIGURA 2.1

Sonido inicial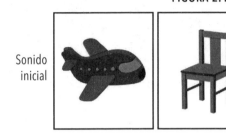

El *reconocimiento de letras* se refiere al dominio del niño para nombrar las letras o bien para referirse a ellas por su sonido. Cuando se quiere ser más eficiente en la predicción de riesgo, podemos preguntar al niño el nombre de las letras. Un niño de 3 años conocerá dos o tres letras, uno de 4 de cinco a ocho letras y un niño de sala de 5 debería conocer al menos catorce letras si se las han enseñado.

La dislexia se caracteriza por la falta de automatización de las correspondencias grafema-fonema/letra-sonido. Es por esto que a las personas con esta condición les cuesta recordar cómo se llaman y cómo suenan las letras. Es más fácil y útil para un niño aprender primero el sonido de la letra, y luego cómo se llama. Por ejemplo: primero que aprenda la "Sssss" y luego que esa letra se llama "ese".

Una forma de evaluar este indicador en el ámbito escolar es señalar letras en un abecedario y pedirles a los niños que digan su nombre y su sonido. Para estimular el reconocimiento, existen canciones muy pegadizas que permiten memorizar la serie completa del abecedario. También suelen recordarlas mejor si se las asocia a un dibujo que empiece con su sonido:

FIGURA 2.2

El tercer indicador de riesgo es la *escritura espontánea*, es decir, la habilidad para integrar los dos indicadores anteriores. Si un niño tiene conciencia fonológica y conoce letras, podrá empezar a representar por escrito en forma autónoma algunos sonidos de las palabras que le permitirán empezar a entender el principio alfabético.

La escritura espontánea recién se produce entre los 4 o 5 años. Es esperable que un niño de 3 años pueda copiar su nombre en versión corta (no más de cuatro o cinco letras) y que uno de sala de 4 pueda escribir su nombre de memoria. Llegados a esta instancia también es común que el niño quiera escribir los sonidos de letras que no existen y pregunte: "¿Cuál es la pa?". Y como la pa no es ni letra ni sonido habrá que responderle que es la letra "ppp" con la letra "a" (diciendo el sonido), o bien, la "p" de papá y la "a" de árbol, por ejemplo. Mediante el juego de detectar sonidos y representar algunos con letras, el niño de sala de 5 debería realizar escrituras silábicas o cuasi alfabéticas: MSA por mesa, TBUON por tiburón, etc.

Un niño de sala de 5 que escribe palabras simples con todos sus sonidos o la mayoría de ellos probablemente no presentará dificultades para aprender a leer. En cambio, el que ha sido estimulado y no lo logra para fines de sala de 5, nos indica riesgo y que hay que seguir trabajando y observar su evolución para cuando inicie el primer grado.

Para evaluar esta habilidad simplemente se le brindan dibujos al niño y se le pide que escriba junto a ellos el nombre de lo que ve, o al menos su letra inicial, la cual también es buen indicador. Un niño de sala de 5 puede escribir en forma autónoma (sin que el adulto le dicte) el sonido inicial de cualquier palabra de estructura simple consonante-vocal.

FIGURA 2.3

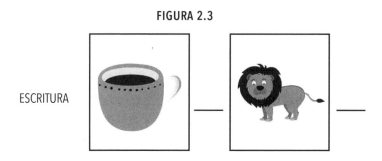

ESCRITURA

Algunos niños también logran la lectura en sala de 5, por lo que se puede evaluar de manera sencilla pidiéndoles que dibujen palabras simples luego de leerlas. Si ya leen a los 5 años, es poco probable que tengan dislexia.

FIGURA 2.4

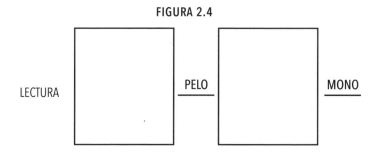

LECTURA · PELO · MONO

También existen otros indicadores relacionados pero variables, es decir, señales de riesgo que no están presentes en todos los chicos que cumplen criterio de dislexia. Entre ellos, como primer indicador relacionado se encuentra la presencia de dificultades de lenguaje oral. Estas dificultades no son inherentes a la dislexia, pero muchos chicos con trastorno de lenguaje presentan más adelante problemas para leer con fluidez, cumpliendo así criterios de dislexia. Para detectarlas es importante tener en cuenta qué es lo esperable en cada edad. El lenguaje expresivo se desarrolla a partir del año, donde los niños empiezan a decir algunas palabras. Alrededor de los 18 meses pasan de la palabra-frase a oraciones de dos palabras. A los 2 años ya tienen un amplio vocabulario no solo receptivo sino también expresivo, aunque pronuncien mal muchas palabras, pueden expresarse con frases, comienzan a formular preguntas e incorporan las distintas formas verbales.

Un niño de 3 años ya domina un amplio repertorio fonológico por lo cual no solo puede expresarse de manera fluida, sino que lo hace con bastante precisión en la articulación de los sonidos. Si un niño de esta edad sustituye muchos sonidos o no puede expresar con claridad ideas en una oración, puede tratarse de un indicador de dificultades de lenguaje. Es esperable que a esta edad los niños tengan cierta *disfluencia* o tartamudeo porque quieren decir mucho más de lo que pueden planificar a nivel fonoarticulatorio, pero debería desaparecer hacia los 4 años.

Para los 4 años, los niños ya se expresan con oraciones complejas, hacen uso de expresiones causales, temporales y condicionales, aunque continúan presentando dificultades en la pronunciación de palabras con sílabas complejas (con doble consonante) o en palabras con muchas sílabas. Es esperable que no hayan aprendido fonemas como la r y la s hasta los 5 o 6 años, pero un niño de sala de 5 ya debe poder armar relatos complejos y utilizar adecuadamente los tiempos verbales (aunque le cueste la conjugación de algunos verbos irregulares).

Es importante que las instituciones educativas alerten sobre lo que es esperable y lo que no, para que los padres hagan una consulta temprana con fonoaudiología. Si los niños con dificultades no son tratados en forma temprana, presentarán también dificultades en el vocabulario que serán ya muy complejos de revertir e impactarán sobre su futura comprensión lectora.

Otros indicadores que pueden estar presentes o no, pero que si se dan permiten ayudar a identificar la presencia de la dificultad, tienen que ver con el bajo interés del niño para todo lo relacionado con el aprendizaje de las letras, la dificultad para identificar también los números, aprender los días de la semana, los colores o incluso los nombres de las personas que ve con frecuencia. Suele suceder que estos niños son a la vez hábiles para otras áreas como la motricidad gruesa, el dibujo y el canto. Menciono también como indicadores a los problemas de atención y la motricidad fina. Si bien no son indicadores fehacientes de dislexia, acompañan en muchos casos la condición y sirven para una posible detección temprana. Para detectar estas particularidades en la motricidad fina se puede observar la calidad de los dibujos, particularmente los de figura humana, y la capacidad para sostener la atención en las actividades grupales.

Aquí les dejo un link a un video de la experta en el tema Margaret Snowling:

➤ <www.youtube.com/watch?v=PHW01Pb_0WQ>.

Y aquí dos más, a un video explicativo más ameno y el otro con ideas de intervención, sin olvidar que los programas científicamente probados como eficaces son los mejores para implementar:

➤ <www.youtube.com/watch?v=3-xsEh2_hO0>.
➤ <www.youtube.com/watch?v=Vq9is14T_yQ>.

TABLA 2.1
Nociones esperadas según la edad. Si no se dan, indican riesgo

NOCIONES	3 AÑOS	4 AÑOS	5 AÑOS
Conciencia fonológica	Reconocen rimas y sílabas.	Reconocen el sonido inicial de palabras que comienzan con vocal.	Reconocen el sonido inicial de palabras que comienzan con consonante. Deletrean palabras de tres sonidos.
Reconocimiento de letras	Reconocen dos vocales y la letra inicial de su nombre.	Reconocen cinco vocales.	Reconocen catorce letras mayúsculas.
Escritura	Reconocen la letra inicial de su nombre. No escriben palabras.	Pueden escribir su sobrenombre. Representan palabras con una letra por sílaba.	Pueden escribir su nombre completo. Representan palabras con algunas sílabas completas y otras con tan solo una letra.
Nociones matemáticas	Reconocen números hasta el 3, cuentan hasta el 10. Cuentan cinco fichas con correspondencia.	Reconocen colores, y números hasta el 5, cuentan hasta 19. Cuentan diez fichas con correspondencia.	Reconocen colores, números hasta el 10-14, cuentan hasta 29. Cuentan veinte fichas con correspondencia. Resuelven problemas y recuerdan combinaciones simples como, por ejemplo, 4 + 4.
Lenguaje	Hablan con oraciones completas pero con fallas de conjugación, morfológica y pronunciación. Logros: m, n, ñ, p, k, f, y, l, t, c, ua, ue.	Oraciones completas con fallas de conjugación y de pronunciación de algunos fonemas (r-s) y grupos. Logros: b, g, r, bl, pl, ie.	Hablan con claridad y organizan el discurso. Logros: fl, kl, br, gr, au, ei. Logros a los 6 años: rr, s, x, d, g, fr, pr, tr, dr, eo.
Motricidad	Toman correctamente el lápiz. Trazan líneas horizontales, verticales y dibujan círculos. Figura humana: monigote con patas.	Pueden trazar líneas oblicuas, cruces y cuadrados. Figura humana: pueden dibujar cabeza, cuerpo y extremidades en una dimensión.	Pueden trazar cruces, líneas oblicuas, triángulos. Figura humana: pueden dibujar cabeza, cuerpo y extremidades en dos dimensiones.

Primeros grados/6 a 8 años

Para cuando un niño ingresa en la escolaridad formal, se supone que debería aprender a leer y escribir en el transcurso del año según sea la complejidad de la lengua que esté aprendiendo a leer o escribir. Por ejemplo, en lenguas complejas fonéticamente como el inglés, se necesita mayor tiempo para aprender a decodificar los fonemas, lo que es más fácil en lenguas transparentes como el castellano, en las que a cada letra solamente le corresponde un sonido. Para detectar las dificultades ya no es necesario evaluar *predictores* sino las habilidades de lectura y escritura, dado que el niño ya ha sido expuesto a ellas. No es necesario que un padre o un docente recurra al formato de evaluación para saber si un niño se encuentra por debajo de lo esperado, simplemente pueden observar los indicadores y proponer estimulaciones con estrategias simples. Si el niño no responde a ellas, sería oportuno realizar una consulta con un especialista.

Primer grado: indicadores

En español/castellano, se espera que un niño que es expuesto tres meses a la enseñanza formal ya logre leer y escribir al menos palabras de estructura simple (consonante-vocal, ejemplos: VACA-MESA-CAMINO). Si el niño ya presentó dificultades en sala de 5 o si el padre o docente nota que el niño solo muestra habilidad para copiar, pero luego no puede escribir de manera autónoma palabras, o bien que solo identifica palabras que ha visto muchas veces pero no logra leer palabras nuevas, o que deletrea en lugar de unir sonidos para leer, es importante detenerse y tomarse un tiempo para enseñarle al niño cómo se hace para leer y cómo se hace para escribir.

Para leer, es necesario que el niño conozca los sonidos de las letras y que entienda que debe unir al menos dos sonidos para leer palabras. Leer no es deletrear las palabras, sino juntar los sonidos. Los niños con dificultades tienden a utilizar estrategias ineficientes para la lectura y suelen deletrear en lugar de unir sonidos. Deletrear es la destreza necesaria para escribir pero no para leer.

Para escribir, se debe trabajar con el niño para que preste atención a la posición de su boca cuando pronuncia un sonido, luego alargarlo, luego representarlo con la letra que corresponde a ese sonido.

Si luego de estas intervenciones el niño parece no avanzar o no cumple con los parámetros que se describen más abajo, será importante considerar la presencia de una dificultad con una evaluación psicopedagógica.

Parámetros o patrones a esperar en primer grado

En el primer semestre de primer grado, se espera que los niños puedan aprender todo el alfabeto y dominar el sonido y el nombre de cada letra. En esta instancia, deberían empezar a unir las letras y ser capaces de leer sílabas sueltas, luego de a dos sílabas, y por repetición alcanzar la comprensión de la palabra. Poco a poco, empezarán a recordar y reconocer palabras que ven frecuentemente escritas, se interesaran por los carteles que ven en la calle y querrán leer todo lo que ven que contenga letras. También se interesarán por escribir y querrán ponerle nombre a los dibujos que realizan. Empezarán a escribir palabras de estructura simple y presentarán omisiones en palabras de estructura más compleja (por ejemplo: tactor por tractor) o no mostrarán dominio en palabras con fonemas difíciles (por ejemplo: escriben ciero por quiero). Los más estimulados podrán escribir oraciones en esta instancia.

Luego del primer semestre de primer grado, los niños deberían ser capaces de leer con soltura palabras de estructura simple (consonante-vocal: MESA-PIRATA), es más, ya deberían superar las diez palabras por minuto, y se espera que para fin del año logren leer al menos veintiún palabras por minuto de una lista, o bien de treinta a cuarenta palabras por minuto en un texto. Esto puede evaluarse de manera simple haciéndolos leer un texto durante un minuto. El texto debe tener una tipografía clara, con tamaño de cuerpo de 18 o 20. Si el niño está habituado a la tipografía mayúscula, la evaluación deberá ser en ese tipo de letra. Si por el contrario fue instruido en minúscula, será correcto evaluarlo en minúscula. No se espera que lea con fluidez la tipografía cursiva, aunque los niños sin dificultades logran leer en cualquier tipografía. Respecto de la escritura, es esperable que inviertan la orientación de las letras al escribir en la primera mitad del año ya que esta habilidad se desarrolla una vez que ha sido alfabetizado.

Para el fin de primer grado, todos los niños deberían estar alfabetizados a nivel oración, es decir, ser capaces de leer oraciones con comprensión y de escribir oraciones separando correctamente las palabras y representando todos los fonemas (poner una letra por fonema sin confundir su sonido). Es esperable también que tengan faltas de ortografía. Ya no deberían confundir la orientación espacial de las letras pero si escriben textos largos, pueden aparecer algunas omisiones de letras y falta de dominio de la coherencia textual. Han aprendido mucho pero aún no logran volcar por escrito en forma organizada todas las ideas que quieren transmitir, porque todavía están pensando con qué letra representar los sonidos.

TABLA 2.2

Parámetros e indicadores de riesgo en primer grado

	ESPERADO	RIESGO/DIFICULTAD
PRIMER TRIMESTRE PRIMER GRADO	Logran leer y escribir palabras simples en la tipografía enseñada (sin sílabas complejas como TRACTOR). Ejemplo: MESA-PINO-CASA-MANO. Pueden leer cinco palabras por minuto.	No logran leer. Pueden deletrear diciendo los fonemas pero no sintetizan dos sonidos en una sílaba. Tienen alguna noción de escritura pero se parecen más a las de un niño de 4 o 5 años. Solo escriben una letra correcta por sílaba.
TERCER TRIMESTRE PRIMER GRADO	Pueden leer oraciones en diversas tipografías, en forma silábica y sin entonación. Comprenden palabras y oraciones. Pueden leer cuentos con dos o tres líneas por hoja. Escriben oraciones separando correctamente palabras, representando todos los fonemas en palabras relativamente simples, con faltas de ortografía. Leen entre treinta y cuarenta palabras por minuto.	No logran leer más de dos o tres palabras con precisión. No comprenden lo leído. Todavía no representan todos los sonidos de una palabra, separan de manera inadecuada las palabras. No saben las letras o su correspondencia con los sonidos. Algunos niños leen pero no más de diez palabras por minuto.

Segundo y tercer grado: indicadores

Para segundo grado ya todos los niños deberían estar alfabetizados, excepto en algunos entornos socioculturales más deprimidos, que no cuentan con instrucción estable ni con apoyo en la casa para lograrlo. En estos ámbitos, igualmente la alfabetización debería estar lograda, pero con menor fluidez. En segundo y tercer grado ya se espera que el proceso de lectoescritura sea fluido.

El solo hecho de que para segundo grado el niño no lea o recién se esté iniciando, ya es indicador suficiente para consultar con un especialista. Si el niño ya ha empezado a leer pero lo hace con dificultad, confunde las letras, invierte su orden o inventa al leer, es urgente realizar un diagnóstico.

A partir de segundo grado cualquier intervención ya no es preventiva, sino que se estará actuando contra reloj: la currícula avanza y el niño va quedando a destiempo de sus pares porque no cuenta con la vía de acceso al aprendizaje de otras áreas, que son las habilidades de lectura y escritura.

Parámetros de dificultad
para segundo y tercer grado

- Conocimiento alfabético: el niño no domina el abecedario por el nombre de la letra o desconoce el sonido de algunas de ellas, comete errores de asignación de letras tanto al leer como al escribir. Invierte el orden de las letras al leer, incluso aunque se trate de sílabas simples como *el* o *la*. Todavía no logra realizar con precisión habilidades fonológicas como cambiar los sonidos de las palabras para lograr que se forme otra como podría ser cambiar la r por n en la palabra *carta* y darse cuenta de que se forma la palabra *canta*, mentalmente sin ver la palabra escrita. Aún no puede deletrear una palabra por el nombre de sus letras sin mirarla en forma escrita u omitir un fonema, es decir, quitar y saber qué palabra quedó formada: en *clueca* quitar la l y darse cuenta de que queda formada *cueca*.

- Lectura poco fluida: el niño lee a un nivel inferior con respecto a sus pares, comete errores (sustituye, agrega, omite o invierte letras, adivina palabras), se pierde en el renglón.

Para hacer ejercicios o responder preguntas necesita que se le lean las consignas: es decir, si alguien le lee las consignas puede entenderlas y realizarlas perfectamente. No puede leer un cuento de manera independiente, o si lo hace luego no comprende lo leído. Le cuesta leer en silencio.

- Escritura: las dificultades en la consolidación del principio alfabético no solo afectan la lectura sino también la escritura. El niño suele presentar omisiones o sustituciones de letras en la escritura, por ejemplo: *gujete* por *juguete*, *bosce* por *bosque*, *treno* por *trueno*, *buscado* por *buscando*, e inversión (como en *nivitar* por *invitar*). También hace una separación incorrecta de palabras como *es ta* por *esta*; *estariba* por *está arriba*. En ocasiones, omiten letras o sílabas completas por dificultades en la memoria ya que están muy concentrados en qué letra escribir y no logran realizar de manera automatizada y simultánea el proceso de representar por escrito las ideas que quieren transmitir.

- Conducta: el niño se fatiga con facilidad, parece no prestar atención e interesarse más en jugar que en terminar las tareas. No completa las tareas en el tiempo que lo hacen los demás. Necesita supervisión continua y, aun así, no rinde. Muchas veces podemos tener la sensación de que no aprende porque, si bien se le explican los conceptos, vuelve a presentar la misma inquietud o dificultad. Este último punto suele atribuirse a una falta de interés del niño o se dice que aún no está maduro; hasta se puede argumentar que no aprende porque es de los más chicos de la clase. La realidad es que el aprendizaje no responde a edad madurativa en el año escolar, sino a tiempo de instrucción o enseñanza. Es decir, no es válido afirmar que su aprendizaje es más lento porque sus compañeros son casi un año mayor que él.

Tabla 2.3
Indicadores en segundo y tercer grado

	ESPERADO	DIFICULTAD
LECTURA	Lectura corriente pero sin entonación en segundo grado y con inicios de entonación en tercer grado. Dominio de todo el abecedario. Puede leer textos en forma autónoma con apoyatura en dibujos o sin ella. Comprende lo que lee y es capaz de leer cuentos. Leen de cincuenta a setenta palabras por minuto en un texto.	Lectura silabeante o poco fluida. Tienden a deletrear en lugar de leer. Desconocen el sonido o nombre de algunas letras. Necesitan que le lean para comprender. Leen menos de treinta palabras por minuto en un texto. No logran leer en silencio. Cometen numerosos errores al leer. Se pierden en el renglón.
ESCRITURA	Escriben párrafos con introducción, nudo y desenlace aunque sin mayor dominio de la coherencia textual. Separan adecuadamente palabras en la oración. Pueden poner mayúsculas al inicio de la oración. No presentan errores de tipo fonético sino faltas de ortografía en los grupos más complejos nv, mb, mp, s-c ge-gi/je-ji, h, z.	Omisiones de letras. Unión o separación incorrecta de palabras. Sustitución de letras fonéticamente incorrectas (gugar por jugar). Faltas de ortografía.
CONDUCTA	Pueden trabajar en forma autónoma en ejercicios trabajados en el colegio. Pueden terminar de copiar y de resolver a tiempo. Aprenden lo enseñado.	Se fatigan con facilidad. No terminan a tiempo. No aprenden lo enseñado. Parecen inmaduros.

Escuela media, de 9 a 12 años

Para cuando un niño ingresa a cuarto grado, la falta de fluidez en la lectura comienza a ser un problema grave. La currícula se orienta al aprendizaje de contenidos a través de la lectura, y el ritmo lector no es suficiente para el aprendizaje autónomo. Hasta tercer grado todo se focaliza en aprender a leer y escribir, pero desde esta instancia ya se busca que la lectura y la escritura sean un medio para aprender contenidos y desarrollar el razonamiento. Si hasta el momento, el rendimiento del niño "alcanzó para pasar", ahora ya no, y en el colegio se muestran preocupados por la falta de autonomía. Entonces, puede pasar que desde la institución se tilde al niño de inmaduro o con dificultades de atención. En la práctica, comienzan a evidenciarse problemas a la hora de realizar tareas, intentos de evasión, solicitud permanente de ayuda, buen rendimiento cuando se les lee, pero gran dificultad para el estudio autónomo. En algunos casos, se ve al niño con ansiedad y frustración por no poder resolver las consignas. En estos casos, el niño se esfuerza pero aun así no logra los objetivos; quizás invierta toda la tarde para terminar sus tareas pero igualmente no pueda hacerlo. Suelen aparecer entonces dolores de cabeza, dolores abdominales y diversas clases de indicadores de ansiedad.

Parámetros de dificultad para los grados medios

La detección de una dificultad específica en la lectura se hace evidente: el alumno muestra un ritmo lector deficiente. Además de poder detectarlo evaluando este ritmo (cantidad de palabras por minuto), es posible detectar dificultades observando que "se traba" al leer, comete numerosos errores en la decodificación que se identifican por errores específicos: la inversión de letras en palabras cortas (*el* por *le*, *al* por *la*, *le* por *el*, *es* por *se*, etc.) o incluso en palabras largas (*furta* por *fruta*), sustitución de palabras (*libros* por *librería*, *desconcentración* por *desconcertados*, etc.) y sustitución, inversión, rotación u omisión de letras (*dominó* por *domingo*, *bosce* por *bosque*, *ansalada* por *ensalada*, *darco* por *barco*).

TABLA 2.4

Tabla con velocidades de lectura de texto esperadas estimadas
(palabras por minuto)

PRIMER GRADO	SEGUNDO GRADO	TERCER GRADO	CUARTO GRADO	QUINTO GRADO	SEXTO GRADO	SÉPTIMO GRADO
30-50	50-70	60-80	70-90	80-110	90-120	100-130

Fuente: Realizada a partir del programa JEL.

La falta de automatización de la decodificación provoca la pobre activación del reconocimiento visual de las palabras, de su asociación semántica a otras palabras, y por eso muchas veces la comprensión lectora es deficiente. No obstante, si se les lee el texto, los alumnos llegan a un alto nivel de comprensión, porque pueden activar la red semántica por vía oral de manera eficiente, lo cual difiere ampliamente de la activación que realizan por medio de la lectura.

Si se compara el ritmo lector de un alumno sin dificultades con uno con dislexia en primero, segundo o tercer grado (esto es, más chico, dado que estamos describiendo a alumnos de 9 a 12 años), se encontrarán semejanzas en cuanto a la velocidad, pero se observará que el alumno con dislexia cometerá errores específicos como los descriptos más arriba.

En la escritura también se observan "rastros" de la dificultad lectora, dado que el énfasis que el alumno pone en recordar las letras que representan cada sonido hace que no ponga atención a la forma escrita o visual de las palabras. A nivel neurobiológico, lo que sucede es que no se activa el área visual de reconocimiento de palabras, por lo que la ortografía no se consolida. En los cuadernos se observan faltas incluso en la copia, pero lo más importante es que hay errores específicos que llamamos fonológicos: sustitución, omisión, inversión de letras, separación o unión incorrecta de palabras como los casos ya vistos. Otros ejemplos podrían ser *cataban* por *cantaban*, *dargon* por *dragón*, *en pesar* por *empezar*, *lamaca* por *la hamaca*.

Secundaria, 12 a 18 años

Una vez terminado el ciclo primario, las dificultades específicas empiezan a teñirse o mezclarse con factores conductuales y ya más relativos a la adolescencia. El sistema educativo es más inclusivo y personalizado en la escuela primaria, cuando los alumnos cuentan con uno o dos maestros que pueden valorar el rendimiento completo del alumno porque lo ven funcionar en diversas áreas. Pero en la secundaria, socialmente se espera que los alumnos tengan autonomía en el estudio y que la lectoescritura no sea una dificultad. Es más, ni se considera que puedan tener dificultad en esa área. Los alumnos enfrentan muchos profesores especializados en las distintas materias que tan solo tienen la oportunidad de verlos desempeñarse aproximadamente dos horas por semana. Sus fortalezas y dificultades ya no son observadas en la totalidad de su persona, sino que son malos o buenos alumnos dependiendo del profesor y la materia. Son los mismos alumnos los que, además de lidiar con las dificultades intrínsecas del estudio, deben lidiar con la conformación de una autoestima que no se defina solo por su rendimiento académico.

Además, como respuesta natural, durante la adolescencia los alumnos necesitan dormir más y están más interesados en las actividades sociales que en el rendimiento académico. Por todo esto, si no se ha detectado con anterioridad la dificultad, comienzan a ser estigmatizados como vagos, poco responsables o alumnos que no estudian lo suficiente. El problema ya se da de por sí porque un adolescente dispone de menos momentos de estudio sostenido, y si a este hecho le sumamos que tiene dislexia, entonces el repertorio de habilidades que le sirvieron para cursar el primario ya no le resultarán suficientes.

Para poder atravesar el período secundario, necesitan de una alta inversión de horas en el estudio y frecuentemente de la asistencia de los padres o de profesores particulares. Ya no les es posible leer todo el material de estudio al mismo ritmo que los demás. Asimismo, cuando rinden evaluaciones obtienen siempre un puntaje inferior al tiempo invertido en el estudio, porque las dificultades en la ortografía y en la organización de la escritura empañan la capacidad de razonamiento y estudio que pudieron haber logrado.

Parámetros de dificultad para la secundaria

En esta etapa los signos de dificultad se reflejan generalmente en bajas calificaciones o en una alta inversión de esfuerzo que luego no se ve en el desempeño escolar. Las siguientes son señales de que se podría estar ante la presencia de una dificultad específica en el aprendizaje que debería ser analizada:

- Falta de método de estudio, necesitan asistencia.
- Dificultad para comprender lo que leen.

- Necesitan leer dos veces para comprender.

- No logran realizar un escaneo visual veloz de la información escrita.

- Dificultad para tomar apuntes en forma económica.

- Tienden a estudiar de memoria.

- Numerosas faltas de ortografía.

- Expresión escrita pobre.

- Muestran buen rendimiento oral que contrasta con sus resultados escritos pobres.

- Evitan la lectura.

Es frecuente que los estudiantes con bajo rendimiento académico no tengan metodología de estudio. Los padres muchas veces culpan al colegio por no enseñarles técnicas de procesamiento de la información o de estudio. Esto puede suceder, pero también es cierto que los alumnos sin dificultades encuentran un método de estudio eficiente con mucha frecuencia y sin que se les modele demasiado desde la institución sobre cómo llegar a él. Mientras que los alumnos con DEA necesitan que se los instruya en forma explícita en técnicas de estudio apropiadas para su dificultad, porque de lo contrario tenderán a desarrollar métodos poco eficientes o poco económicos.

El método más frecuente en alumnos con DEA es utilizar la lectura repetida del material, lo cual es poco eficiente porque tienen dificultades lectoras. También tienden a memorizar respuestas y textos, lo que tampoco es beneficioso porque tienen problemas en la memoria verbal. Se pasan horas leyendo y memorizando sin que ese tiempo impacte luego en la nota que reciben. Justamente están esforzándose en el área en la que muestran mayor dificultad y que no es apropiada para el aprendizaje real.

También es frecuente escuchar que los alumnos se comparan con sus pares y entonces notan que ellos dedican mucho tiempo para leer y comprender, mientras que los demás realizan una lectura rápida y ya comprenden y dominan el tema. Esta observación de los adolescentes es real porque lo que le sucede a alguien con dislexia es que carece de la destreza para "escanear" información relevante en forma ágil.

Suele suceder entonces que caigan en la "trampa" de pensar que escuchando un relato o exposición oral de otro (profesor, compañero, padre) aprenden más fácil que leyendo. Si bien esto puede ser en parte cierto, cuando lo que deben aprender es largo no llegan a retener toda la información y, aunque parece que en el momento en que se lo explican lo saben, luego no pueden evocar lo comprendido o aprendido en una evaluación escrita o incluso oral. Este mecanismo de escuchar puede ser fácilmente compensado con un recurso básico como la toma de apuntes, destreza que no desarrollan si no se les enseña en forma explícita.

La gran inmersión en recursos tecnológicos que asisten a muchos estudiantes, en cuanto se ofrecen clases *online* y videos que hablan sobre una temática, les hace pensar que así aprenden mejor, pero si no acompañan este proceso con la toma de apuntes para procesar la información, el tiempo invertido no les rendirá. Quizás sea hora de que en los colegios se empiecen a enseñar destrezas sobre cómo procesar y razonar la información en lugar de dedicar tanto tiempo a transmitir contenido y a hacer que los alumnos lo repitan.

A nivel escrito, las DEA no detectadas son más evidentes en alumnos de esta edad ya que presentan numerosas faltas de ortografía que deberían haber consolidado. Esto molesta principalmente a los profesores de lengua, quienes consideran inconcebible que se prolonguen determinados errores en el nivel secundario, y por lo que muchas veces les descuentan puntos en la evaluación. Es molesto, sí, pero es una dificultad persistente en personas con dislexia, por lo cual es importante descartarla mediante un diagnóstico para saber si deben ser exceptuados o no de este tipo de evaluación.

En cuanto a la expresión escrita, los alumnos de esta edad también presentan un desarrollo pobre. Han invertido tanto tiempo en aprender a leer y escribir con agilidad que poco dedicaron a la ortografía y a la riqueza lingüística y coherencia que debe tener un texto. Si bien la ortografía es un aspecto que no se logra compensar, la expresión de ideas sí se puede tratar y mejorar con éxito. Es cierto que los colegios no enseñan con tanta frecuencia cómo es el proceso de escribir, sino que lo suponen. Sin embargo, un alumno con DEA necesita que se le enseñe en forma explícita cómo escribir con vocabulario académico, cómo argumentar, cómo justificar. Así es que también ante la presencia de pobreza en la expresión escrita es importante descartar una DEA. Pero en este caso en particular, hay que hacerlo teniendo en cuenta además que es posible que se deba a un déficit en la enseñanza, ya que en el secundario circulan muchos profesores interesados en el contenido de su materia y no dedican tanto tiempo a la enseñanza de habilidades básicas para demostrar saberes o para asociar y argumentar en forma escrita.

Entonces, muchos de los alumnos en esta edad carecen de estrategias básicas para estudiar o escribir en forma eficiente. Eso puede ser señal de que tienen un problema de aprendizaje y es importante develarlo. En el mejor de los casos se realizará una evaluación diagnóstica para descartar una DEA y si no cumple esos criterios, se sabrá que solamente necesitan técnicas de estudio para salir adelante. Pero es fundamental esclarecer la duda.

La evaluación diagnóstica a esta edad debe realizarse con prontitud ya que no hay tiempo que perder, se debe consultar a un profesional en psicopedagogía que realice una evaluación objetiva y sustentada en pruebas estandarizadas. Como parámetro de dificultad lectora se puede tener en cuenta que si no ha alcanzado lo mínimo esperado para un quinto grado en relación a fluidez lectora (ochenta palabras por minuto), es muy posible que presente dislexia, pero deberá constatarse con pruebas específicas.

Consideraciones para instituciones educativas

Es importante que las instituciones cuenten con un sistema de prevención y detección de las dificultades. Para esto pueden formarse y apoyarse en los parámetros anteriormente descriptos y sistematizar una evaluación o *screening* (visión rápida o escaneo) para detectar a aquellos alumnos que están rindiendo por debajo de lo esperado. Esta evaluación permitirá empezar a estimularlos en el ámbito escolar, adoptar las medidas de enseñanza más apropiadas para cada alumno y al mismo tiempo anticiparse a la presencia de una dificultad. Además, el sistematizar una evaluación permitirá saber cuáles son los alumnos que rinden por encima de lo esperado, para brindarles actividades de enriquecimiento, y también poder valorar el nivel de aprendizaje general logrado en cada sala o grado.

Si bien la evaluación o *screening* puede realizarse en todos los grados, no siempre es posible porque no se dispone del recurso humano para evaluar a todos los alumnos, por lo que propongo elegir puntos o momentos clave para realizarlas, que permitirán tomar decisiones tanto a nivel institucional como individual. Los momentos clave para evaluar son sala de 5, primer grado, tercer grado y séptimo grado. En otros grados o salas se podrá evaluar casos particulares, es decir, a los alumnos que pueden estar en un nivel más bajo de rendimiento. Si se cuenta con un profesional especializado dentro de la institución, esto podrá realizarse con facilidad, pero si no se podrá contratar a algún especialista que realice la evaluación o bien capacitar a algún docente. En este caso, es importante que no sea el docente del grado porque se corre el riesgo de que pierda objetividad. Si no hay más recurso que el docente de grado, entonces será importante capacitarlo para que realice un *screening* o escaneo de las habilidades básicas esperadas para ese grado en los alumnos que considera que están descendidos, intentando ser lo más objetivo posible.

Con la información obtenida, se puede empezar a actuar en clase (los investigadores lo denominan *modelo de respuesta a la intervención* o *RTI*). Se recomienda trabajar en grupos pequeños con aquellos que presentan dificultad, ya que necesitan de una enseñanza explícita del docente, de mayor tiempo para procesarla, estar rodeados de alumnos con su mismo nivel o que respeten su momento de aprendizaje, que entiendan que su proceso es más lento y precisan ayudas explícitas para llegar a dominar una destreza o resolver una actividad, pero que a la vez no les digan las respuestas.

Cuando aparecen dificultades en el aprendizaje de algunos niños es apropiado empezar a implementar adaptaciones metodológicas tanto en la enseñanza como en la evaluación, es decir, modificar la manera en la que se les está presentando la información con el fin de observar si el aprendizaje mejora. Algunos alumnos responderán a esta intervención y se nivelarán en sus habilidades, pero otros no. Si las dificultades persisten luego de dos o tres meses es recomendable realizar una consulta con un profesional.

Asimismo, es importante poner al tanto a los padres sobre el trabajo que se está realizando y hacerlos partícipes de las acomodaciones metodológicas que se implementarán para observar si así empiezan a rendir mejor. El contar con una evaluación objetiva en el ámbito escolar brinda herramientas para comunicar lo observado a los padres. No es necesario administrar tests formales pero sí se pueden tener en cuenta parámetros esperados. Es importante aclarar que es una observación en contexto no un diagnóstico y que, en todo caso, deberá ser profundizada por un profesional si se considera el caso. Los padres deben tener la opción de realizar una consulta preventiva con un profesional durante ese período o bien esperar a ver si responde a la estimulación dentro del ámbito escolar. Si no respondiera deberá ser la institución misma la que sugiera una evaluación diagnóstica.

La sistematización de la evaluación posibilitará estar siempre alerta para reconocer al alumno que necesita ayuda extra, como así también para detectar al que posee destrezas que exceden el nivel de lo que se enseña y que, por lo tanto, requiere de un plan de enriquecimiento en dinámicas y contenidos.

EN RESUMEN
• Realizar evaluación en habilidades de alumnos que se "sospecha" rinden por debajo de lo esperado.
• Realizar *screening* general en momentos clave: sala de 5, primero, tercero y séptimo grado.
• Trabajar en pequeños grupos en el ámbito escolar con los alumnos que se encuentran por debajo de lo esperado.
• Empezar a realizar acomodaciones metodológicas a aquellos que se considera están teniendo dificultades.
• Informar a los padres sobre el trabajo explícito en pequeños grupos y las acomodaciones que se implementan.
• Solicitar evaluación diagnóstica en caso de persistir las dificultades luego de dos o tres meses de trabajo específico en el ámbito escolar.

Sala de 5

Este es uno de los momentos clave para la evaluación porque se trata del fin del nivel inicial. En esta etapa, se consolida lo trabajado durante todo el jardín y se espera que los predictores del aprendizaje estén afianzados o desarrollados. En esta instancia puede establecerse el nivel de riesgo de presentar dificultades de aprendizaje en primaria. Sin dudas, esto tiene un gran valor preventivo porque, de detectarse riesgo, se podrá trabajar en forma temprana y así posibilitar una intervención precoz que resulte en una mayor posibilidad de compensación para el niño.

Un esquema preventivo en nivel inicial podría limitarse a evaluar en sala de 5 o, lo que es mejor, ir monitoreando a algunos chicos que se detecten en riesgo en salas de 3 y 4, y luego evaluar a todo el grupo en septiembre de sala de 5, con el fin de saber cuál de los niños se encuentra en riesgo de presentar dificultades en el aprendizaje y así poder actuar preventivamente.

La evaluación estará siempre orientada a los predictores previamente descriptos vinculados con la lectoescritura, es decir, la conciencia fonológica, el reconocimiento de letras y la escritura, como así también a los conocimientos básicos matemáticos, el lenguaje y la motricidad fina. Para cada sala existe un parámetro esperado por lo que se puede armar una evaluación acorde, o bien contar con alguna prueba estandarizada.

Idealmente se evalúa a finales de sala de 3 y de 4, en abril de sala de 4 y de 5 y en septiembre de sala de 5. Pero si esto no fuera posible, podría tomarse el fin de sala de 5 como momento clave.

Las intervenciones precoces se asocian con mejores resultados posteriores. En sala de 3 y 4 las consultas por dificultades de lenguaje y de motricidad son sumamente relevantes dado que el cerebro se encuentra aún en proceso de maduración y un tratamiento adecuado puede ayudar a su desarrollo en forma natural. Las consultas por aprendizajes son fundamentales en sala de 5, ya que en esa instancia se puede intervenir no solo para evitar frustraciones, sino también para acompañar el proceso de desarrollo de las bases para el aprendizaje sistemático, de modo que los niños inicien primer grado con una base sólida.

Si se detecta a un alumno en riesgo de presentar una DEA, tenemos la posibilidad de estimularlo en forma temprana. Si luego efectivamente cumple el criterio de dislexia, se habrá ganado tiempo porque aprenderá de un modo más exitoso los automatismos en los que presentará dificultad. En cambio, si se espera a que empiece primaria y se confirma el diagnóstico cuando está en segundo o tercer grado, será necesario "desandar" los aprendizajes llenos de vicios que se van generando, como repetir la primera sílaba al leer, inventar palabras o leer primero en silencio. Los aprendizajes se apoyan en conexiones y caminos cerebrales que al ser incorrectos luego es difícil corregir y la tendencia a volver al error inicial estará siempre presente. En cambio, si se inicia un camino de aprendizaje correcto, la eficiencia en el logro del automatismo lector será mayor.

Primer grado

Para aquellas instituciones que no cuentan con nivel inicial, la evaluación o *screening* en primer grado es fundamental. Es importante que se inicie el grado con una visión clara de los distintos niveles de aprendizaje que muestran los niños en cada uno de los predictores básicos. Luego, en función de estos niveles de aprendizaje, es recomendable agrupar a los niños en pequeños grupos. El nivel puede establecerse por cualquiera de los tres predictores pero el más sencillo de evaluar es el nivel de escritura.

Por ejemplo, se puede poner en una misma mesa a los que logran la comprensión del principio alfabético (escriben palabras representando todos los sonidos); en otra a los que tienen algunas nociones y representan algunas sílabas en forma completa (nivel transición alfabética); en otra a los que recién empiezan a representar algunos sonidos por sílaba (silábicos), y en otra a los que aún no tienen representación escrita de sonidos (presilábicos).

Una vez que hemos dividido a los niños en grupos, se gradúa el tipo de actividades que se le asignará a cada grupo tanto sobre habilidades fonológicas como sobre lectura y escritura. En la medida en que se trabaja, se observará si algún niño avanza y puede ser reubicado en otra mesa con un nivel más alto. Es sumamente importante que el docente modele la lectura y escritura y también que escuche leer a sus alumnos, sin exponerlos delante de los demás.

Luego de un tiempo, hacia mayo o junio aproximadamente, se puede volver a evaluar a todos de manera informal, pero para saber si están iniciándose en la lectura. Es probable que solo queden algunos pocos que no se hayan iniciado o que estén dando los primeros pasos. Esos pocos deberían ser estimulados en forma más intensa con conocimiento de los padres, aunque también es conveniente realizar una consulta con especialistas del aprendizaje (psicopedagogos), ya que con una evaluación diagnóstica específica se puede establecer si se trata o no de una dislexia.

FIGURA 2.5
Organización de la clase por grupos[1]

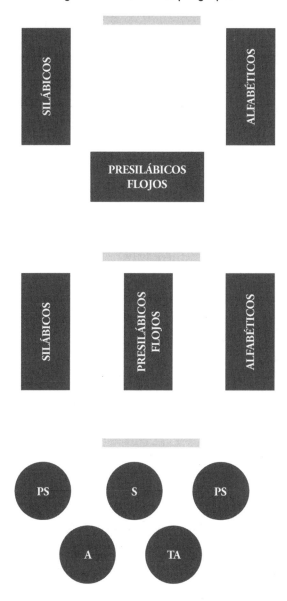

[1] **Abreviaturas**: PS: presilábico; S: silábico; A: alfabético; TA: transición alfabética.

Idealmente los niños que se encuentran desfasados recibirán tratamiento individual y se encontrarán encaminados. Hacia fin de año, ya para septiembre u octubre, es importante realizar un *screening* global para saber cómo terminan todos el primer grado. En español se espera que para fin de año puedan leer de manera relativamente fluida aunque sin componentes expresivos y que escriban oraciones separando adecuadamente las palabras. En el *screening* de fin de año, además de evaluar lectura y escritura, se pueden incluir también nociones de numeración y algunos aspectos de operatoria, ya que muchas veces los alumnos con dislexia no alcanzan el nivel esperado. No se evalúa con el ánimo de señalar la dificultad, sino más bien con la intención de ayudar a los alumnos que presentan dificultades para que se puedan desarrollar en forma plena.

¿QUÉ EVALUAR EN PRIMER GRADO?
• Lectura de un texto (fluidez).
• Comprensión de detalles explícitos.
• Escritura de oraciones en referencia a un dibujo.
• Identificación de números hasta el 100.
• Operatoria con cantidades de uno y dos dígitos.

Tercer grado

En esta etapa se espera que los alumnos ya lean en forma fluida, aunque aún no lo hagan con entonación. También se espera que puedan comprender un texto, redactar ideas en forma escrita y operar con cálculos mentales. La importancia de evaluar en este grado tiene que ver con la programación curricular: este es el último año en el que se trabajan habilidades básicas de lectura (aprender a leer), de escritura y operatoria, ya que a partir de cuarto grado entra en vigencia un mayor énfasis en los contenidos, lo que podemos llamar "leer para aprender", así como escribir contenidos y resolver problemas complejos en el área matemática.

Un *screening* final en esta etapa es relevante para poder monitorear a aquellos niños con dificultades que se detectaron en sala de 5 o primer grado, y para cerciorarse de que no haya sido dejado de lado algún alumno que necesite ayuda específica.

En esta etapa también es importante evaluar fluidez lectora (sesenta o setenta palabras por minuto), comprensión literal y deductiva, escritura de historias con introducción, nudo y desenlace; chequear que esté consolidado el sistema de numeración, y que los alumnos dispongan de los recursos para la operatoria matemática.

2

¿QUÉ EVALUAR EN TERCER GRADO?[2]
• Lectura de un texto (fluidez).
• Comprensión de detalles explícitos e implícitos.
• Escritura narrativa.
• Identificación de números hasta el 10.000.
• Operatoria con cantidades de tres y cuatro dígitos.
• Cálculo mental hasta tres dígitos.

Séptimo grado

Sexto o séptimo, según el sistema escolar, es un grado de articulación con el inicio del secundario y por este motivo es relevante

---

[2] Véase la tabla A.1 en el apéndice.

evaluar en esta etapa. Por un lado, este momento nos permite ver el resultado de entre seis y siete años de trabajo institucional, para saber con qué recursos cuentan los alumnos para enfrentar el nivel secundario. Esta información servirá no solo para los profesores, sino también para dar orientación a padres y docentes sobre el perfil de cada alumno y sobre cómo sacar lo mejor de él.

A esta altura ya no solo se debe saber el rendimiento en habilidades básicas como leer en forma fluida (mínimo cien palabras por minuto), escribir y operar, sino que también debería evaluarse la capacidad para argumentar en forma oral y escrita, razonar en forma abstracta y resumir un texto. Es decir, con qué destrezas de procesamiento y síntesis de la información cuentan; destrezas que les permitan cursar el secundario en forma autónoma y exitosa.

Una evaluación adecuada permitirá a los profesores saber desde dónde parten y también con qué habilidades cuentan los alumnos para estudiar en forma autónoma o para comprender textos. Sobre esa base se podrán planificar dinámicas y contenidos, y lo que es más importante, se podrá dar herramientas eficaces de estudio sin dar por supuesto que ya las dominan por el solo hecho de leer en forma fluida.

Así como leer requiere un maestro que enseñe a hacerlo, leer para razonar o para luego argumentar o recordar son habilidades que también deben ser enseñadas. Una buena herramienta para evaluar técnicas básicas de estudio es el aporte de María Tresca en el libro *¿Cuándo, qué y cómo estudio?* que cuenta con un cuestionario de autoevaluación básico. El solo hecho de hacerlo puede brindar ideas sobre cómo mejorar técnicas de estudio.

¿QUÉ EVALUAR EN SÉPTIMO GRADO?
• Lectura de un texto (fluidez).
• Comprensión deductiva y vocabulario.
• Escritura argumentativa.
• Cálculo mental.
• Método de estudio: resumir, sintetizar, tomar apuntes, esquematizar.

La evaluación sistemática permite reducir la presencia de dificultades en tanto que los alumnos son detectados en forma temprana y reciben un tratamiento eficaz y a tiempo. También permite que los alumnos puedan cursar la escolaridad sin comprometer su autoestima al recibir la ayuda que necesitan, tanto en forma externa como interna.

Si bien se pueden armar pruebas detectoras no estandarizadas, existen tests de aplicación sencilla que permiten obtener mayor objetividad en la detección. Aunque si se administra una prueba interna en forma sistemática, se logrará obtener cierta estandarización en el resultado esperado. Las instituciones también se pueden apoyar en algún programa o *software* que esté diseñado para detectar alumnos con dificultades en la lectura. Esto es una modalidad nueva pero que está imponiéndose en muchos países. Por ejemplo, en España acaba de salir una prueba de detección basada en la investigación de Luz Rello –que es sencilla de administrar– denominada *Dytective* y que está disponible en la Web en forma gratuita. En la Argentina todavía no se cuenta con una herramienta de *screening* para colegios que esté estandarizada en nuestra población, pero esperamos que no tarde mucho en aparecer.

En los colegios en los cuales el sistema de *screening* interno funciona desde hace tiempo, se logró reducir la incidencia de dificultades de un 30 y hasta un 40% a un 10%.

Adultos con dislexia

Tener dislexia no impide que la persona reciba educación y que vaya atravesando las diversas instancias del sistema educativo. No obstante, el logro se dará en función de la contención ambiental y familiar de la persona.

Los casos en los que personas no diagnosticadas pero con dislexia terminan el colegio e incluso la universidad incluyen en general madres dedicadas a estudiar con sus hijos, varios profesores particulares que reforzaron el contenido de estudio, a pesar de que el alumno no lo entendiera, notas bajas, más baja autoestima, tardes sin juego, incluso años sin vacaciones, días escolares tortuosos y exámenes que se aprobaban recién en la última instancia de marzo. He visto casos en los que la persona ha contado con una red de asistencia de compañeros o padres que les leían el material. Algunos años incluso, han tenido la suerte de tener algún maestro que descubrió que son inteligentes y utilizaron otras vías de evaluación o eran menos exigentes que el resto en los objetivos de lectura. Otros tienen la "mala suerte" de encontrarse con maestros que no entienden cómo llegaron al grado que llegaron y muchas veces los hacen repetir o les sugieren un cambio de colegio. Sin dudas, la contención del entorno familiar y social es la herramienta básica que los lleva a terminar la escolaridad de una u otra manera.

Aquellos que no disponen de una red socioambiental que los contenga terminan desescolarizados y empiezan a trabajar a edades tempranas, con la sensación de no ser lo suficientemente inteligentes. Esto es más frecuente en sectores socioeconómicos vulnerables, en los que no cuentan con estos *factores protectores* o red de contención.

¿ES POSIBLE QUE UN ADULTO NO SEA CONSCIENTE DE QUE TIENE DISLEXIA?

Es posible que un adulto no sea consciente de que tiene dislexia, pero de lo que sí es consciente es de su historia escolar de fracaso y esfuerzo. Estas personas muchas veces se dan cuenta de su condición a partir del diagnóstico de un hijo, dado que se sienten identificados con las características que describe el profesional, o toman conciencia de que ellos también evitan leer, que tienen que leer dos veces para comprender, que tienen faltas de ortografía, o que siempre se sirvieron de otros compañeros incluso para poder cursar la universidad. Muchos adultos logran trabajos estables y exitosos, pero otros muestran una historia de fracaso en la elección de la carrera o en los tiempos que les lleva terminar la universidad, o bien, en la mayoría de los casos, carreras universitarias no finalizadas.

La dislexia y el trabajo

Las personas con dislexia no tienen una discapacidad ni son poco inteligentes. Al contrario, en muchos casos tienen una inteligencia superior a la media. Cuando alguien tiene dislexia, el cerebro se desarrolla y configura de una manera diferente a la tradicional o esperada, por lo que la persona debe encontrar otros caminos para llevar adelante lo que se espera de ella, principalmente en torno al aprendizaje.

Contamos con un órgano principal que nos caracteriza como seres humanos que es el cerebro, un cerebro capaz de desarrollar lenguaje, un cerebro que más que órgano es un músculo, que puede adaptarse y desarrollar miles de destrezas a falta de otras. Este órgano es el que apoya y promueve esa búsqueda. Entonces, ante la dificultad de no poder realizar o alcanzar los aprendizajes esperados por vías típicas, busca desarrollarlos realizando nuevas conexiones neuronales, que cuando se es niño se refleja en áreas no vinculadas a la escolaridad, porque justamente la educación está basada en los procesos lectoescritos que es en el área en que tiene dificultad. Esa búsqueda puede verse reflejada en una alta creatividad, imaginación, destreza motriz, y otras habilidades que muchas veces no son valoradas. Cuando son adultos, estas personas que han buscado durante años otras conexiones neuronales suelen rendir más y destacarse en actividades laborales que no requieren de estudio pero sí de ingenio, razonamiento, iniciativa y creatividad.

En el trabajo las personas con dislexia pueden empezar a demostrar de lo que son capaces. Hay un punto fundamental a tener en cuenta que está relacionado con la autoestima. Es fundamental que hayan tenido contención, porque la baja autoestima los acompaña siempre y la sensación de no ser tan capaces o inteligentes que quizás tuvieron desde muy chicos es muy difícil de desarraigar.

Felizmente muchos podrán revertirlo si encuentran la manera de armar un escudo emocional. Otros descubrirán por sus hijos que su historia se explica al fin, y desterrarán de cuajo la idea de que no son inteligentes. Pero nunca sacarán de su cuerpo, alma y emoción la sensación de baja autoeficacia y frustración. Se habrá imprimido para siempre.

Si por algún motivo el adulto con dislexia no encuentra un trabajo en donde desarrollarse ni una estabilidad familiar-emocional, la depresión puede aparecer como reactivo a tanta frustración acumulada. Y en los peores casos, puede llevar a la delincuencia, a la droga o incluso al suicidio. Es un "final" duro de creer o aceptar, pero en muchos países se han realizado estudios que lo demuestran. Algunos autores como Elaine Mulligan, N. Rizzo, Robert Ebel, entre otros, investigaron la población de cárceles y encontraron que desde un 50 hasta un 80% de esa población tiene bajo rendimiento lector e historia de fracaso escolar. También se han realizado estudios más positivos que muestran que enseñándoles a leer a la población de cárcel se observan cambios en su conducta. Sin ir más lejos en la Argentina existe un programa mediante el cual se les brindan recursos de alfabetización y literatura a presos, y se observa una disminución en la reincidencia en el delito. Tuve la oportunidad de hablar con Diego Tejerina quien trabaja en la Unidad Penitenciaria 48 de San Martín desde hace cinco años. Si bien desde la institución aún no cuentan con estadísticas publicadas, están trabajando en relevar los datos precisos de los cuatrocientos diez presos que se encuentran en ella. A modo cualitativo, la mayoría no supera segundo grado (no hay certeza sobre un diagnóstico de DEA), y aquellos presos que asisten al taller de alfabetización o de arte disminuyen notablemente la reincidencia en el delito y, sobre todo, la densidad de la violencia en el penal.

Por otro lado, se han realizado estudios –como el de Neil Alexander-Passe, *Dyslexia and mental health*– sobre depresión e ideación suicida en alumnos y adultos con dislexia. Estos estudios muestran un alto porcentaje de comorbilidad con depresión (50%) y tendencia al autodaño/autoagresión en reacción a las presiones escolares, y una tendencia a la ideación negativa e incluso suicida. En la misma línea, la doctora Linda Siegel junto con otros investigadores mostraron que la causa de los suicidios de los adolescentes estudiados en Canadá se vinculaba a dificultades de aprendizaje no identificadas o indebidamente tratadas.

LOS SIGNOS CLÍNICOS RELEVANTES Y ESPECÍFICOS QUE UN NIÑO, ADOLESCENTE
O ADULTO CON DISLEXIA DEBE TENER DESCENDIDOS PARA INDICAR DIFICULTAD

- Conciencia fonológica (detección del sonido inicial): en niños.

- Habilidades fonológicas (deletreo y composición de palabras por el nombre de la letra): en personas que ya leen.

- Automatización de las correspondencias grafema-fonema: en todas las edades pero más significativo en sala de 5 y primeros grados.

- Fluidez lectora.

- Necesidad de leer lento, en voz alta o dos veces para alcanzar la comprensión.

- Comisión de errores específicos en la lectura y escritura (omisión, sustitución, adición de fonemas, separación/unión incorrecta de palabras).

- Errores de ortografía.

- Dificultad en tareas de memoria verbal (por ejemplo: la tabla pitagórica, meses del año, etc.)

Los grados de la dislexia

El manual de diagnóstico (*DSM-V*) solicita a los profesionales que en forma conjunta con la identificación del trastorno indiquen el nivel de la dificultad en leve, moderada o grave. Si bien esto asemeja a lo que uno llamaría "grado" o "nivel", en realidad no existen grados en sentido estricto, pero sí se puede determinar la complejidad del caso en función de cuánto compromete o cuántas áreas se ven afectadas en ese paciente en particular, y qué nivel de resistencia presenta frente a la intervención, es decir, si responde rápido o en forma lenta.

También se determina la complejidad de acuerdo al momento en el que se realiza el diagnóstico. Esto lo comprobamos con el equipo de investigación que dirijo en una investigación realizada con cien pacientes con dislexia expuestos al mismo programa de intervención. Lo que determinó la duración del tratamiento y su éxito fue la edad en la que se inició la intervención y si tenían o no asociado otro trastorno como dificultades de lenguaje o de atención.

Los que iniciaron el tratamiento en forma preventiva en preescolar, o bien ya en primer o segundo grado, lograron una compensación más exitosa que aquellos que lo iniciaron a partir de tercer grado. Por otro lado, aquellos pacientes que tenían de manera asociada déficit de atención lograron un nivel de compensación menor que los que tenían solo dislexia, y los que contaban con algún compromiso del lenguaje reflejado en el hecho de haber empezado en forma tardía a hablar o que necesitaron un tratamiento fonoaudiológico, mostraron mayor dificultad y baja compensación de las dificultades.

También hay que tener en cuenta otros factores que inciden en la complejidad de cada caso, como son el nivel de inteligencia y la oportunidad sociocultural. Es sabido que en los casos de pacientes con alto coeficiente intelectual o que cuentan con apoyo ambiental y educacional las dificultades pueden revertirse más fácilmente y eso hace que el trastorno sea menos grave o impacte menos en la calidad de vida.

Se puede hablar de dislexia *leve* cuando el paciente cuenta con un alto potencial cognitivo que le permite autocompensar gran parte de las dificultades y no se comprometen otras áreas como el lenguaje, la motricidad fina o la atención. En estos casos, responden rápido a la intervención y más aún si se realiza antes de tercer grado. Desarrollan con éxito estrategias compensatorias para el reconocimiento visual y fluido de palabras, y solo vuelven a encontrar dificultad en textos o palabras muy complejas. Con más tiempo de tratamiento logran aplicar las estrategias y leer en forma autónoma. Suelen funcionar en forma bastante independiente, se lucen en actividades orales, y responden a la intervención típica con éxito. Pueden hacer uso o no de las adaptaciones escolares, aunque podrán demostrar toda su capacidad si estas se aplican.

Se puede hablar de dislexia *moderada* cuando el paciente cuenta con un potencial normal o levemente por debajo del promedio. Pudo haber sido detectada antes o después de tercer grado y se da en forma conjunta con el trastorno de atención o de las habilidades matemáticas. En estos casos responden con cierta resistencia a la intervención por la afección simultánea de otras áreas, pero pueden compensar en forma exitosa si se los monitorea una vez al año y cada dos años aproximadamente se les vuelve a dar un nuevo repertorio de estrategias para enfrentar la nueva exigencia académica que se va complejizando a medida que avanzan en la escolaridad. Pueden desarrollar parcialmente la vía de reconocimiento visual de palabras, aunque siempre cometerán errores en palabras difíciles. En este nivel se encuentran alumnos con autonomía en ciertos períodos, pero con necesidad de asistencia en otros. Las adaptaciones escolares metodológicas o de acceso son fundamentales para su buen rendimiento académico.

Se puede hablar de dislexia *grave* cuando el paciente cuenta con un potencial cognitivo normal o levemente por debajo del promedio, o en algunos casos alto, pero se da en forma conjunta con un compromiso severo de la memoria y las habilidades lingüísticas (y en muchos casos otras problemáticas conductuales o de aprendizaje), lo que dificulta la compensación. Generalmente se detecta antes o durante tercer grado, lo cual los beneficia, ya que pueden establecer en forma sólida algunas estrategias. Estos casos suelen ser resistentes a la intervención, van progresando lentamente respecto de sí mismos, pero continúan manteniendo una brecha significativa respecto de sus pares escolares. No logran desarrollar destreza en el reconocimiento visual de palabras (o vía léxica), por lo que –aunque la mejoran con tratamiento– no alcanzan la fluidez al leer que brinda autonomía. Necesitan la asistencia constante para poder llevar adelante la carga escolar. Es decir, es grave porque no ganan autonomía real para aprender. Las adaptaciones escolares muchas veces no son suficientes para que puedan aprender y demostrar su capacidad.

En muchos casos, en pos de una mejor calidad de vida (social y saludable), los padres se ven forzados a anotarlos en escuelas con menor exigencia porque necesitan de mucho tiempo para procesar y recordar lo aprendido, lo cual va en detrimento de su salud y su sociabilización.

Capítulo 3

El diagnóstico

Sufrí mucho durante la primaria y la secundaria porque me costaba muchísimo estudiar y era objeto de burlas, lo que afectó además de mi formación, la manera en la que me relacionaba con la gente. Cuando fui madre y vi que a mi hija le pasaba lo mismo que a mí, empecé a buscar un diagnóstico. En Tucumán nadie podía decirme nada así que viajé a Buenos Aires para ver a una reconocida especialista. Mi hija ya estaba en tercer grado y emocionalmente frágil por las experiencias que tenía. Llegó el diagnóstico dislexia, discalculia, digrafía y disortografía. Todo lo que me decía la especialista yo lo había vivido de chica. Ahí empezó mi camino para que mi hija sufriera lo menos posible y use su dislexia a favor, ya que yo no pude. Hoy estoy a cargo de una fundación de dislexia acá en Tucumán, feliz de poder ayudar a muchos chicos.

VERÓNICA, MADRE DE DOS NIÑAS CON DISLEXIA. COMPRENDIÓ LAS RAZONES DE SU PROPIO FRACASO ESCOLAR Y SU CONDICIÓN DE DISLÉ-XICA CUANDO REALIZÓ EL DIAGNÓSTICO DE SU HIJA MAYOR

La consulta

Cuando alguien sabe o sospecha que él mismo o un familiar tiene dificultades en el proceso de lectoescritura comienza un nuevo camino que tiene que ver con acercarse al diagnóstico. Está claro que cuando a uno le duele una muela puede ir al odontólogo o cuando tiene problemas del corazón va al cardiólogo, pero no es tan evidente cuál es el profesional capacitado para trabajar con sospechas de dislexia. Así pues, la persona puede recurrir a distintos profesionales sin dar con un diagnóstico preciso hasta que consulta específicamente con uno especializado en el aprendizaje. Ese es el profesional indicado para realizar un diagnóstico. En los países de habla hispana, este especialista recibe el título de psicopedagogo, mientras que en países de habla anglosajona suele denominarse psicólogo educacional con licencia especializada para realizar evaluaciones neuropsicológicas o neurocognitivas.

Ahora bien, en países como la Argentina, donde la investigación en temáticas de aprendizaje no se encuentra altamente desarrollada, muchos profesionales no cuentan con la formación necesaria para realizar un buen diagnóstico y suelen decir que el alumno tiene "un retraso madurativo" o "un retraso en la adquisición de la lectoescritura" o "un retraso lector" y que habrá que confirmar o esperar hasta el tercer grado para diagnosticar. Otros dicen que quien consulta tiene "síntomas de dislexia", pero es frecuente que no se animen a dar ese diagnóstico para no rotular al paciente. De este modo, la dificultad no es diagnosticada hasta mediados de la escuela primaria lo que tiene como consecuencia una pérdida de tiempo enorme para la acción preventiva y el desarrollo de la capacidad de compensación de la dificultad. En tanto, además, el paciente acumula frustración y en muchos casos debe ser reubicado en otra escuela con menor exigencia.

Entonces, es importante que los padres y los docentes sepan acudir a profesionales formados en las últimas investigaciones sobre el tema. Generalmente aquellos con formación neuropsicológica o cognitiva se mantienen actualizados sobre las investigaciones internacionales, y cuentan con recursos de evaluación que les permite diagnosticar en forma precisa y objetiva los distintos procesos de aprendizaje.

Los alumnos con dificultades de aprendizaje, como es la dislexia, generalmente también presentan baja autoestima o problemas de atención o de conducta debidos a la frustración que su condición les genera, por eso muchas veces son llevados inicialmente a la consulta psicológica. Sin embargo, tanto docentes, padres y profesionales de la salud deben estar atentos a descartar, en primer lugar, que los temas conductuales no estén relacionados con un problema de aprendizaje. Es imperioso que antes de pensar que los alumnos pueden tener un problema emocional, se descarte en forma objetiva la posibilidad de que presenten dislexia u otra problemática de aprendizaje.

En la gran mayoría de los casos, si se detecta una dificultad específica, el alumno empieza a revertir la problemática conductual una vez que empieza a adquirir habilidades de aprendizaje y a sentir que puede aprender y demostrar lo que aprende.

Tampoco hay que perder de vista la posibilidad de que un paciente sea atendido en forma simultánea por varios profesionales. Muchos pacientes pueden tener la necesidad de trabajar aspectos psicológicos y emocionales que afectan su calidad de vida y, al mismo tiempo, ser atendidos por las problemáticas en el aprendizaje. Un buen profesional sabe trabajar en equipo con otros más allá de su orientación teórica, y sabe hacerse a un lado o dejar espacio para otra terapia cuando observa que la acción de otro especialista en determinada área le resulta más beneficiosa al paciente en ese momento. Todos los profesionales deben trabajar en función del paciente y las terapias no deben mantenerse o realizarse si no hay un motivo particular.

A QUIÉN CONSULTAR
• Por problemas de salud: médico.
• Por problemas en la sociabilización, conducta o autoestima: psicólogo, neurólogo o psiquiatra infantil.
• Por problemas en el lenguaje: fonoaudiólogo.
• Por problemas en la grafomotricidad o coordinación motora: terapista ocupacional.
• Por problemas en el rendimiento, aprendizaje o maduración: psicopedagogo.

Rara vez se consulta porque se observe habilidad, generalmente se llega al profesional ante la presencia de dificultad. Sin embargo, es importante evaluar las áreas en las que se presenta habilidad y aquellas por las que no se consulta pero quizás están afectadas. Los pacientes con dificultad en un área muchas veces muestran problemas en otra. Esto puede deberse a lo que se llama en forma estricta *comorbilidad* o presencia conjunta de dos trastornos. También y más seguramente se deba al factor de que somos seres complejos, con un cuerpo, un alma, inteligencia, emociones. El desfasaje o la dificultad en un área suele repercutir en la otra. Un diagnóstico completo nos dará una visión global y el paciente será atendido tempranamente como un todo complejo.

La edad para el diagnóstico

La dislexia puede diagnosticarse una vez que el niño es expuesto a la enseñanza formal, es decir, en primer grado. Igualmente, como mencioné antes, existen indicadores incluso antes de la educación formal que permiten detectar el riesgo de que se presente la dificultad, por eso es importante que tanto padres como maestros y profesionales puedan detectar los signos de riesgo y estar preparados para derivar, consultar y hacer el diagnóstico en forma temprana. La edad en la que se diagnostique será uno de los factores que demarcará la capacidad compensatoria del paciente.

Si el profesional cuenta con evaluaciones formales, puede diagnosticar el riesgo de presentar dislexia a partir de los 4 o 5 años y diagnosticar la dificultad a mediados de primer grado.

Ahora bien, es importante considerar al paciente en forma global, es decir, tener en cuenta los factores socioculturales, ambientales, la historia familiar y el tipo de instrucción. La dislexia se puede diagnosticar en cualquier medio sociocultural, con cualquier metodología de instrucción y en familias tanto funcionales como disfuncionales, ya que no está vinculada con estas variables. No obstante, es importante ser agudo y estricto a la hora de diagnosticar para poder descartar que sean estos los factores que están incidiendo en el logro de los aprendizajes.

Si se tiene la sospecha de que el tipo de instrucción, los aspectos culturales o emocionales pueden estar interfiriendo en la apreciación diagnóstica, lo más conveniente es comenzar una intervención específica en el ámbito escolar (en pequeños grupos) o realizar un tratamiento preventivo individual. Si no se trata de una dificultad específica, en no más de doce sesiones de enseñanza explícita –sea de los predictores si se trata de niños que no leen, o de estrategias de lectura y escritura en niños que se han iniciado pero no avanzan solos–, el paciente empezará a leer o mejorar su destreza. Es decir, se habrá descartado la presencia de factores externos. Ahora bien, si la dificultad persiste a pesar de la enseñanza, entonces se la podrá confirmar. La intervención preventiva no toma más que dos o tres meses de trabajo y representa una gran ayuda para el paciente ya que se actúa antes de esperar a que fracase rotundamente para guiarlo. Si la dificultad permanece, entonces, es importante derivar al paciente a un especialista que confirme un diagnóstico y así discriminar objetivamente la ayuda o tratamiento que necesita.

Los estudios necesarios

Para detectar una dificultad específica de la lectura (dislexia), en primer lugar, es importante indagar en la historia familiar del paciente en busca de antecedentes, ya que se trata de una condición de carácter hereditario. Padres con historia de fracaso escolar o con necesidad de ayuda cuando iban al colegio es un indicio, aunque ellos no sepan que tienen dislexia. En segundo lugar, es necesario administrar técnicas diagnósticas estandarizadas que exploren los procesos básicos del aprendizaje, que son un reflejo de cómo el cerebro procesa la información. Una posibilidad, en cuanto a los exámenes, es realizar estudios de neuroimagen, pero estos todavía no son lo suficientemente eficientes y resultan invasivos para los niños. Además, si bien permiten mostrar que el cerebro procesa de manera diferente que un lector típico, deben cotejarse los resultados con los rendimientos en pruebas de lectura. Más allá de los estudios de imagen, existen numerosos tests que permiten ver el funcionamiento del cerebro en las destrezas específicas, y brindan una medida ajustada del nivel que logra el paciente en la habilidad que se busca medir. Es decir, informan exactamente el nivel de dificultad que presentan y el grado al cual equivale la destreza evaluada, lo cual ayudará a la diagramación de una intervención eficaz. Un profesional formado realiza la evaluación con tests estandarizados y los refleja en un informe escrito. Los tests estandarizados cuentan con un puntaje expresado en percentil o puntaje estándar.

En el nivel inicial, cualquier evaluación o intervención es preventiva. Una evaluación en chicos de 3 a 6 años permite detectar el nivel de "riesgo de presentar dificultades en el aprendizaje", pero no un diagnóstico cerrado. Existen tests para evaluar los predictores y los aprendizajes matemáticos básicos en niños de 3 a 6 años. Es importante tener en cuenta que toda detección e intervención temprana es más eficaz que las detecciones e intervenciones tardías. El conjunto de estudios que se deben pedir en la etapa inicial es semejante al que se pide en primer grado, excepto por el área de aprendizaje, en la que se evalúan únicamente los aprendizajes esperados mediante *predictores*, es decir, habilidades que deben estar para que se den los subsiguientes aprendizajes.

Una vez que el niño ya empieza a leer, no es apropiado evaluar la conciencia fonológica, puesto que ya no actúa como predictor porque el niño lee, y será suficiente diagnóstico la evaluación de la habilidad lectora alcanzada hasta ese momento.

La dislexia es un trastorno en la automatización del proceso lector, por eso, una vez que la persona se inicia en la lectura y se tiene sospecha de dificultad, deben explorarse en forma específica los procesos que se ven implicados en la lectura.

A partir de primer grado y en toda la escolaridad es importante sugerir:

1) *Pruebas estandarizadas de lectura.* En primer lugar, para evaluar la lectura se necesita contar con pruebas que evalúen las tres zonas implicadas en ese proceso:

   a) Para evaluar la zona de reconocimiento visual de palabras existen listados de palabras estandarizados, que brindan un puntaje percentil indicando el nivel con el que el paciente lee.

   b) Para evaluar la zona fonológica que permite leer palabras desconocidas, área donde una persona con dislexia encuentra especial dificultad, existen listados de pseudopalabras o palabras que se pueden leer pero no significan nada. Estas también cuentan con valores estandarizados y puntaje percentil. Esta área también se explora con una prueba de habilidades fonológicas en las que se le pide al paciente que manipule fonemas oralmente (agregar, quitar, sustituir, deletrear y componer).

c) Por último, existen pruebas estandarizadas que evalúan la lectura de textos, en las que se pone en juego no solamente el área de reconocimiento visual de palabras y de articulación fonológica, sino el acceso al significado y la prosodia o sentido que se le da al texto por la entonación. En lenguas alfabéticas donde la correspondencia de sonidos por cada letra es uno a uno, es importante que las pruebas sean de fluidez, es decir, que midan el tiempo lector además de la precisión. La dislexia es una dificultad en la automatización de la lectura, esto es, se refleja en el tiempo de lectura además de evidenciarse en los errores que comete o la falta de precisión. Sin embargo, es posible que se tome mucho tiempo para leer y que lea preciso.

2) *Pruebas de inteligencia.* En segundo lugar, es importante contar con una prueba que explore el potencial cognitivo o nivel de inteligencia. Si bien el diagnóstico de dislexia no se determina por la capacidad intelectual, sino por el rendimiento en pruebas específicas que exploran el factor fonológico, la precisión y la fluidez lectora, la capacidad intelectual de la persona ayuda a comprender los recursos con los que cuenta para compensar la dificultad. La dislexia puede diagnosticarse a partir de un coeficiente intelectual de 70, dado que un puntaje menor implica

déficit cognitivo, el cual puede ser causante de las dificultades lectoras. Si bien la gran mayoría de personas con dislexia cuenta con un coeficiente a partir de 80 o superior, el pronóstico será diferente según el repertorio cognitivo. No es lo mismo contar con un coeficiente de 120 que con un coeficiente de 70 u 80. El primero cuenta con mayores destrezas de razonamiento y metacognición que generalmente se ven reflejadas en una apropiación más rápida de las estrategias que se enseñan en un tratamiento. Además, evaluando el nivel cognitivo, puede descubrirse un área de talento que generalmente tienen las personas con dislexia. Suelen ser creativos y con altos recursos para el razonamiento visoespacial y para la atención al detalle visual. Esto se descubre únicamente si se lo evalúa, y es importante saberlo para sugerir que se les enseñe y se los evalúe por esa vía. En otros casos, la dislexia puede verse asociada a dificultades en la capacidad ejecutiva, es decir, en la habilidad para organizar el trabajo, planificar, trabajar por pasos. Esto también puede detectarse en este tipo de pruebas y podrá abordarse luego en el tratamiento. Incluso podremos acceder a información sobre cuál es el nivel de compromiso de la memoria verbal, aspecto sumamente importante para el tratamiento y para entender la dificultad y el pronóstico. Se sabe que los casos en los que la memoria verbal está más comprometida son más resistentes a la intervención, por eso una correcta evaluación aclarará el pronóstico e informará al profesional sobre la necesidad de desarrollar otras vías de memorización basadas en recursos más visuales. La memoria visual y de hechos vividos suele ser muy buena en personas con dislexia, por lo cual apoyarse en ellas les ampliará el repertorio y las posibilidades de aprendizaje.

3) *Evaluar otras áreas.* En tercer lugar, es importante evaluar otras áreas del aprendizaje, como es el caso de la
escritura y las matemáticas, para saber si se ubican como
áreas de fortaleza o de dificultad conjunta. Cuando se
cuenta con una condición como la dislexia, es inevitable
encontrar faltas de ortografía, por lo que no es necesario
evaluarlo directamente, pero sí es importante observar la
capacidad para redactar, para generar y organizar ideas,
y la coherencia gramatical. En muchos casos podemos
encontrar en esta área una habilidad; pero en general
muchos chicos necesitan que en el tratamiento se aborde
esta área como objetivo y se les expliciten estrategias que
les permitan organizar mejor las ideas. Es frecuente que
les cueste porque, a diferencia de los demás alumnos,
quienes tienen dificultad lectora se pasaron gran parte
de la escolaridad pensando qué letra poner y cómo escribirla en lugar de pensar cómo organizar las ideas. No
existen muchas pruebas estandarizadas que exploren esta
habilidad, por eso muchos profesionales no brindan un
puntaje percentil y suelen simplemente describirla.

4) También es importante evaluar la calidad de los grafismos, ya que pueden encontrarse en forma conjunta dificultades en la escritura legible que se deben a otra dificultad específica que se denomina *disgrafía*. Esto puede
evaluarse con una prueba estandarizada que explora la
habilidad gráfica.

El aprendizaje matemático también puede verse afectado
en el caso de una dislexia, se trate o no de una dificultad
específica (discalculia). Las personas con dislexia suelen
tener dificultades iniciales en la consolidación del sistema de numeración y en el cálculo mental por bajos

recursos de memoria verbal, que, si son detectadas y abordadas de manera explícita en el tratamiento, pueden ser rápidamente compensadas. De lo contrario, pueden transformarse en un problema mayor. La única manera de averiguarlo es evaluando esta área. Existen pocas pruebas estandarizadas para hacerlo, pero se puede acceder a algunas y ciertos profesionales cuentan con ellas.

5) *Pruebas de atención.* En cuarto lugar, es necesario también contar con pruebas que exploren el nivel atencional para valorar cuánto incide en el rendimiento y si se puede descartar o no la presencia de un trastorno por déficit de atención conjunto. Es muy frecuente que se den simultáneamente. Para explorar este factor existen cuestionarios que se pueden enviar a padres y docentes para valorar la incidencia de la atención en el ámbito escolar y familiar. También existen pruebas específicas para administrar en un consultorio.

6) *Pruebas psicológicas.* En quinto lugar, pero no menos importante, se puede pedir una apreciación de la conducta, de las emociones y de la autoestima del paciente. El profesional indicado para ahondar en ello es un psicólogo, pero un psicopedagogo puede tener una primera visión general para saber si luego es importante acompañar con un tratamiento psicológico conjunto. Existen algunos cuestionarios estandarizados que brindan puntaje percentil, pero la información más rica en este aspecto tiende a ser la que se denomina *proyectiva* y que se expresa a través de dibujos. Aquí los psicólogos tienen mayor experiencia y capacidad de interpretación. Si surge algo relevante en esa área, es esperable que el psicopedagogo sugiera la profundización de la indagación por el especialista.

7) *Grado de autonomía.* Por último, es relevante evaluar la autonomía que logran en el estudio. En niños más chicos se obtiene información cualitativa al observar sus cuadernos y carpetas. En adolescentes, muchas veces esas carpetas ni siquiera existen, lo cual ya es un indicio importante. Pero, por sobre todo, es interesante indagar si cuentan con técnicas para el estudio independiente. Existen algunos cuestionarios para evaluar las técnicas de estudio pero su estandarización deja mucho que desear. Quizás en este aspecto haya que valerse de la apreciación del profesional o del docente. ¿Por qué es importante esto? Porque la autonomía es una destreza que se favorece o no, que se aprende o no. Los alumnos con dificultades de aprendizaje tienden a aprender la dependencia, es decir, aprenden a que no pueden hacer nada si no es con ayuda. Esto los inserta en un círculo vicioso de "no puedo", "soy inútil", "soy tonto", que los lleva cada vez más a una mayor dependencia y baja autoestima. En inglés se llama *learned helplessness*. En todos los casos, esta "habilidad aprendida" se asocia con un bajo rendimiento escolar y con chicos poco autónomos. En su historia de fracaso escolar terminan atribuyendo las dificultades a que son tontos y creen que no tienen el poder de revertir ninguna situación porque no importa lo que hagan, no les irá bien, a menos que los ayuden. Y aquí comienza el interminable ciclo. Se sienten alguien, o mínimamente eficaces, con ayuda de otro. Entonces, es importante evaluar este aspecto y promover en todos los ámbitos que el niño o adolescente vaya ganando autonomía. Es importantísimo entonces que cuenten con destrezas mínimas, y si no, es fundamental abordarlas en el tratamiento. También, se puede ayudar a que la obtenga en la casa y en el colegio (véase autonomía en el capítulo 4).

Los enfoques diagnósticos

La misma palabra *enfoque* sugiere la puesta en foco desde un ángulo en particular. Tomándolo así, se puede decir que existen profesionales que priorizan más una corriente teórica que otra, que son más o menos cautos en lo que llaman rotular una dificultad de aprendizaje o que interpretan las dificultades de acuerdo a un solo aspecto.

Si se parte de la base de que hay consenso mundial sobre las causas, la fundamentación en neuroimágenes de las bases neurobiológicas, la edad de diagnóstico, las características diagnósticas, las herramientas con las cuales detectar, diagnosticar, tratar y la importancia de la intervención temprana, no deberían existir "enfoques" en el caso de las dificultades de aprendizaje. Pero los hay, y también hay profesionales que no se actualizan y se quedan sumergidos en corrientes teóricas no solo pasadas de moda, sino que no atienden al avance científico en este tema.

Pero aclaremos los "enfoques" que existen para tenerlo en cuenta a la hora de pensar en la elección de un profesional. Existen tres enfoques o miradas más destacados: psicologista, constructivista y neurocognitivo o neuropsicológico.

El enfoque psicologista pone la mirada en los aspectos psicológicos que inciden en el aprendizaje. Es decir, tiende a interpretar que las dificultades que presenta un niño o adolescente se deben principalmente a factores emocionales como pueden ser la baja tolerancia a la frustración, la inmadurez emocional, un bloqueo emocional y situaciones ambientales o familiares vividas. Si bien puede ser real que el alumno con dificultades en el aprendizaje presente estos indicadores, no son causa suficiente ya que se trata de una dificultad con base neurobiológica. Por más que se aborden estas cuestiones, el alumno no avanzará en sus aprendizajes hasta tanto no se le dé un tratamiento específico.

Cuando no se sabía con certeza la causa de las dificultades de aprendizaje se tendía a abordar todo desde la mirada psicológica y las universidades formaban psicopedagogos en esta corriente. Entonces, no es raro encontrar profesionales que aún piensen así. Estos profesionales generalmente no administran técnicas estandarizadas, ni brindan un informe diagnóstico con sustento objetivo en pruebas como las mencionadas en el apéndice de este libro. También es frecuente encontrar psicólogos a los que les cuesta trabajar en equipo y que consideran que las DEA no existen. Otros psicólogos, en cambio, brindan una mirada de alta relevancia que ayuda tanto a docentes y padres como a otros profesionales a abordar al paciente en forma completa. Estos psicólogos reconocen la existencia de las DEA y saben trabajar en equipo, de manera interdisciplinaria.

El *enfoque constructivista* pone la mirada en los procesos de aprendizaje de habilidades que se van adquiriendo en interacción con otros y con diversas ideas que se van contrastando y refutando unas a otras. Esta perspectiva descree del valor de las técnicas o tests estandarizados como mecanismos para valorar los aprendizajes porque piensan que cada individuo desarrolla gradualmente un concepto o habilidad al interactuar con el conocimiento, al contrastarlo con otros y en la medida que le resulte significativo. Para los profesionales que abordan la práctica bajo esta mirada, es difícil establecer un diagnóstico en un período corto de tiempo, ya que consideran que el paciente construye ese conocimiento en interacción con él. Además no pueden diagnosticar fácilmente porque priorizan la experiencia significativa individual. Los profesionales con enfoque constructivista consideran que cada individuo tiene sus tiempos de aprendizaje y no dan tanta relevancia a lo esperable, sino a la subjetividad del paciente. Por esto los tests estandarizados no responden a este enfoque o mirada. Suelen brindarse informes cualitativos en los que se describe muy bien el proceso que está atravesando el paciente, pero no se establece un diagnóstico. Este enfoque suele vincularse a la idea de que recién en tercer grado se puede hablar de una dificultad específica en el proceso lector, a la cual tampoco suelen llamar dislexia sino "retraso lector".

El tercer enfoque es el derivado de la psicología cognitiva y tiene un fuerte sustento en la *base neurobiológica de los aprendizajes*. En este enfoque se tienen en cuenta los procesos cognitivos como la atención, la memoria, la habilidad fonológica, la función ejecutiva, el lenguaje o el razonamiento, que se encuentran implicados en las habilidades de aprendizaje como leer, escribir o calcular, entre otras. Es decir, se exploran tanto las habilidades de aprendizaje como los procesos que las suponen. Estos procesos y habilidades se pueden evaluar a través de pruebas específicas y estandarizadas (tests), que reflejan el funcionamiento de procesadores o áreas del cerebro. Están basados en la investigación sobre las dificultades en el aprendizaje y en lo que hoy en día llamamos *neurociencias*, disciplinas en las que los hallazgos sobre el funcionamiento del cerebro en personas con y sin dificultades de aprendizaje se demuestran en estudios de neuroimagen. Un profesional con este enfoque evalúa el aprendizaje y, por sobre todo, los procesos que implican estas habilidades. Sobre esta base puede establecer un diagnóstico y diagramar un tratamiento apropiado ya que las neurociencias nos muestran que el cerebro es como un músculo, es decir, funciona por conexiones entre las distintas áreas, y puede rehabilitarse o lograr "compensaciones" cuando un área no funciona adecuadamente, tanto cuando hay daño (en caso de accidentes) como cuando se hereda una dificultad genética como en el caso de las DEA. Al medir habilidades específicas también se puede medir el progreso luego de un tiempo de intervención y observar si lo realizado fue efectivo.

Dada la diversidad de enfoques que existen, es importante que cuando se quiera descartar la presencia de una DEA se derive a un profesional especialista en aprendizaje, que sepa detectarla y tratarla a tiempo, más aún teniendo en cuenta la diferencia en la compensación de la dificultad que se da por la detección precoz. En su mayoría serán psicopedagogos, pero es importante conocer el enfoque al que adhiere el profesional elegido. Como vimos, podemos encontrarnos con cualquiera de estos enfoques, aunque el tercero es el que más se está imponiendo dada la evidencia irrefutable que nos brindan las neurociencias.

Los nombres de los diagnósticos

El término o denominación más utilizado en colegios y entre la gente para solicitar una evaluación del aprendizaje es *psicodiagnóstico*. Sin embargo, es un término poco apropiado para lo que en realidad se quiere solicitar. Esta palabra viene del ámbito de la psicología e indica "diagnóstico de la psiquis", es apropiada para solicitar una evaluación de la conducta, de la personalidad y de las emociones. Pero si lo que se quiere evaluar es el funcionamiento del cerebro o psiquis a nivel de procesos de aprendizaje se necesita un término más preciso. Entonces, cuando se quiere evaluar el aprendizaje, es mejor no elegir este término, porque no se sabe qué área de la psiquis se quiere explorar. Es un término muy amplio y puede llegar a confundirse con un diagnóstico únicamente del aspecto emocional.

Cuando se pide realizar un estudio *neurocognitivo*, hay que buscar un profesional que esté formado en los últimos avances de la ciencia relacionados con la cognición. Se pretende evaluar los procesos detrás del aprendizaje y obtener un perfil de funcionamiento en relación a lo esperado para su edad. Esta denominación prefiere el enfoque que utiliza el profesional. En general lo piden los neurólogos o los psiquiatras para sustentar su mirada médica y evaluar los procesos que están por debajo de los aprendizajes y las habilidades. Se prioriza el funcionamiento intelectual y la parte del aprendizaje puede quedar más relegada. Según la especialidad de quien realiza el estudio se incluirá o no una evaluación exhaustiva del aprendizaje.

Cuando se solicita realizar una evaluación *neuropsicológica* se está dando preponderancia a un enfoque que se centra en procesos como la atención, la memoria y la función ejecutiva, entre otros. Aquí se suelen priorizar los procesos evaluados y describir si el sujeto rinde por encima o por debajo de lo esperado. Si el profesional considera esto como un enfoque y no como una simple administración de tests, puede utilizar la información para entender a la persona e interpretarla en función de su singularidad y no como un mero perfil resultante de los tests. Esta evaluación generalmente no incluye destrezas de aprendizaje como leer, escribir o calcular. Pero si quien las administra es especialista en el aprendizaje, procurará evaluar desde una perspectiva neuropsicológica.

Una denominación más apropiada para las DEA sería *evaluación diagnóstica* del aprendizaje, o bien *diagnóstico psicopedagógico*, en la que se busca principalmente evaluar e informar sobre el aprendizaje (lectura, escritura, matemáticas). Ahora bien, si el profesional, que en este caso es psicopedagogo, tiene una formación basada en las neurociencias (neurocognitiva/neuropsicológica), debería evaluar no solo los aprendizajes sino también los procesos que lo implican, pero con una mirada integral. Un informe de este estilo debería incluir además la evaluación cognitiva (coeficiente intelectual), de aprendizaje (lectura, escritura, matemáticas), de las distintas funciones neuropsicológicas relevantes (atención, memoria, funciones ejecutivas), y también una indagación acerca del funcionamiento socioemocional (indicadores de autoestima).

Podríamos decir que un diagnóstico es un "escaneo" de un individuo en un momento particular. Como seres humanos tenemos diversos aspectos que inciden unos sobre otros y no somos solo un coeficiente intelectual o un desvío respecto de la media. Fundamentalmente el paciente es un ser completo y complejo que si bien es evaluado con técnicas estandarizadas, debe ser al mismo tiempo interpretado en su singularidad y teniendo en cuenta la interacción de todas las áreas de su persona: intelectual, de aprendizaje, socioemocional, conductual, física.

Para arribar a un diagnóstico es necesaria una mirada de un profesional que interprete e integre la información. De nada sirve que se le administren tests a una persona, de hecho es más bien dañino que se la someta a diferentes evaluaciones hechas por distintos profesionales, cuando uno solo puede evaluar aspectos cognitivos, de aprendizaje y socioemocionales. Será función del diagnosticador derivar a una evaluación más profunda en algún área en particular si se detecta alguna problemática subyacente que merezca empezar otro proceso, pero siempre será prioridad preservar la integridad del paciente sin exponerlo innecesariamente.

Duración del diagnóstico

Un diagnóstico completo generalmente lleva entre seis y ocho horas de evaluación más las entrevistas con los padres. Algunos profesionales eligen citar al paciente una vez por semana durante dos meses, por lo que el proceso diagnóstico se prolonga en el tiempo. Cabe señalar que de este modo no solo se prolonga el diagnóstico, sino que también el inicio de la intervención, y ya se sabe que mientras más temprano se inicie la intervención, mayores son las posibilidades de que un paciente compense la dificultad en forma exitosa. Otros profesionales eligen realizar la evaluación en forma intensiva, es decir, en dos o tres días: ven al paciente dos o tres horas por día en un tiempo no mayor a dos semanas. Esta forma posibilita que el diagnóstico sea realizado en forma ágil y dé lugar a una intervención más rápida.

También es posible realizar una evaluación corta, enfocada en los procesos específicos de lectura y escritura, lo cual no suele llevar más de dos horas. Sin embargo, un diagnóstico preciso y completo, que permita luego la diagramación de un tratamiento eficaz, requiere de la evaluación de todas las áreas que se ven implicadas en el proceso de aprendizaje: potencial cognitivo (inteligencia), destrezas de aprendizaje (lectura, escritura, matemáticas), habilidades neuropsicológicas relevantes para el rendimiento académico (atención, memoria, función ejecutiva, grafomotricidad, velocidad de nominación, habilidades fonológicas), factores socioemocionales (conducta, autoestima) y ocasionalmente otras áreas relevantes que permiten demostrar otras habilidades en ese niño en particular (creatividad, destreza para los idiomas, capacidad lúdica).

Una evaluación completa, además, brinda al profesional y a los padres, una "radiografía" de cómo funciona su hijo en ese momento en particular, y permite tomar mejores decisiones tanto diagnósticas como de intervención para el tratamiento y para la institución escolar a la que asiste. Muchas veces un paciente rinde muy por debajo de lo esperado en pruebas de aprendizaje, pero se descubre un gran potencial intelectual, lo que permite entender que es capaz de realizar razonamientos acordes a su edad por otra vía que no sea la lectoescrita, por ejemplo, de manera oral. Entonces se puede llegar a un acuerdo con la institución educativa para las evaluaciones de ese alumno. Al explorar al paciente en forma completa también pueden descubrirse otras áreas comprometidas que solo es posible atender si fueron debidamente evaluadas. Si uno no evalúa se pasan por alto áreas tanto de fortaleza como de dificultad. Es decir, una evaluación completa es un pasaporte seguro a una buena intervención, dado que:

- permite que nada se pase por alto;
- ayuda a actuar en forma preventiva;
- sirve para la toma de decisiones;
- facilita una mejora en la calidad de vida del paciente.

La importancia del informe diagnóstico

Muchos padres que cambian de profesional para mejorar las condiciones escolares de su hijo o para buscar otra mirada diagnóstica, se encuentran con la circunstancia de que el nuevo especialista quiere realizar las pruebas nuevamente. ¿A qué se debe esto? ¿No se está exponiendo demasiado al paciente a situaciones semejantes a los exámenes escolares, en los que se le saca información y se lo evalúa con un resultado según su rendimiento?

Para poder entender esta problemática, es necesario comprender qué es una evaluación diagnóstica. Vuelvo a la definición que expuse antes: el proceso diagnóstico es un corte en el tiempo, en el que un profesional busca evaluar fortalezas y dificultades del paciente para saber a qué responde el motivo de consulta, saber si se trata o no de una dificultad específica y luego, con una visión acabada de las diversas áreas, poder programar un plan de intervención que ayude a ese paciente en particular a salir adelante.

En este proceso el profesional administra tests, pruebas estandarizadas que le permiten objetivar lo que observa cualitativamente, saber cuál es el desfasaje real respecto del grado en el que se ubica el paciente, tanto en dificultades como en fortalezas. Con los tests el profesional conoce cómo procesa la información el paciente, lo que le brinda información cualitativa de calidad para la posterior intervención. Ambos, el profesional y el paciente, se vinculan en una situación de rendimiento académico y de procesamiento cognitivo, lo que asemeja bastante lo que vive en el colegio, con la diferencia de que se encuentra en un entorno controlado por el profesional, en situación uno a uno, que se pueden acomodar tiempos y manejar el factor motivacional.

Un profesional con experiencia puede convertir una evaluación en un rato agradable al utilizar los incentivos correctos o simplemente porque sabe cuándo detenerse para no generar frustración en el paciente. La situación de evaluación puede significar un mal momento cuando es una simple administración de tests, ejecutados por alguien con poca experiencia y que lo único que busca es obtener un puntaje. Esto no es lo que sucede frecuentemente, pero puede llegar a pasar, por eso es importante buscar que la evaluación la realice alguien con experiencia.

Si un profesional recibe una evaluación realizada por otro, se pierde de conocer al paciente, y el conocimiento se dilatará por meses dado que nunca tendrá una visión realmente objetiva de él, ni del punto en el que comenzó y no podrá atribuir progresos o falta de progresos a sus intervenciones. Una excepción sería que la evaluación fuese realizada por otro profesional con la misma orientación diagnóstica y que incluya todos los elementos que necesita para empezar una intervención.

Algunas veces se reciben informes diagnósticos incompletos o relatados en prosa con la única apreciación del profesional, pero sin sustento objetivo de esas apreciaciones como pueden ser pruebas estandarizadas o tests. Esto sin dudas hace difícil tener un punto de partida real con el paciente. Otras veces, las evaluaciones perdieron vigencia porque fueron hechas más de un año atrás, y se vuelve imperioso actualizarlas ya que es mucho tiempo al evaluar el aprendizaje. En otras ocasiones, se reciben informes actualizados con algunas pruebas estandarizadas pero incompletos, es decir, sin haber evaluado todas las áreas implicadas en el aprendizaje. Entonces, es probable que el profesional pida realizar una breve evaluación para completar lo faltante y tomará los resultados objetivos de la otra evaluación para integrarlos en un nuevo informe. Un diagnóstico completo le permitirá planificar adecuadamente la intervención y, lo que es más valioso, contar con un punto de partida objetivo para, después de una primera intervención (mínimo tres meses-máximo un año), evaluar si ha evolucionado.

Así, es muy frecuente que si se cambia de profesional se soliciten nuevas pruebas, pero no hay que temer a esta circunstancia ya que si estamos trabajando con el especialista adecuado, sabrá convertir la situación en un intercambio agradable y de mutua confianza con el paciente.

Muchos profesionales, incluso aquellos con amplia experiencia, eligen dar una devolución oral de lo evaluado. Los padres que confían en la apreciación del especialista consultado generalmente no cuestionan este tipo de devolución, y tampoco los colegios, cuando el profesional se acerca a dar una devolución oral, porque reciben una respuesta al menos inmediata a su preocupación. Sin embargo, es importante señalar que el ser humano es selectivo en situaciones de escucha y no retiene toda la información que se le brinda. Es decir, escucha aquello que le causa más impacto en esa situación en particular y pueden pasársele por alto aspectos que el profesional menciona. También suele suceder que se "interpreta" de un modo diferente o subjetivo lo que dice el profesional, y surgen construcciones inadecuadas en relación a lo que realmente se quiso transmitir.

Por este motivo, es importante que haga la devolución por escrito, que el profesional vuelque en papel los resultados de su apreciación diagnóstica. Esto contribuirá a la claridad de la información brindada tanto a padres como a docentes. Es más, es importante que el profesional pueda fundamentar su apreciación diagnóstica con pruebas estandarizadas que den sustento a lo observado. Este punto es relevante ya que permite tomar decisiones reales para el ajuste del tratamiento y para solicitar las acomodaciones escolares necesarias. Además, posibilita que el informe sea leído por otros profesionales que atienden al paciente, para su apreciación personal. Muchas veces –como mencionábamos antes– los padres cambian de profesional, y el contar con una evaluación fundamentada en valores estándares ayuda a considerar el avance obtenido luego de la evaluación inicial, o a considerar una interpretación alternativa en el caso de interconsultas.

Un profesional serio vuelca la información completa en el informe y la interpreta para que pueda ser luego contrastada con la mirada de otros profesionales si ese es el caso. No se trata de una enumeración de resultados de las técnicas administradas, sino de una descripción de fortalezas y dificultades de ese paciente en particular, puesto en contexto, sustentada en los resultados de técnicas estandarizadas que avalen esa interpretación. Es importante la visión del profesional sobre las técnicas administradas para que puedan ser leídas por padres y docentes que generalmente no cuentan con la formación para interpretar y tampoco deben hacerlo.

¿QUÉ DEBE CONTENER UN INFORME DIAGNÓSTICO?

Los informes pueden tener estilos variados, lo cual responde a distintas maneras de trabajo o enfoque del profesional a quien se consulta. Sin embargo, un buen informe o un informe completo incluye:

- Motivo de la consulta.
- Datos significativos de la historia evolutiva.
- Pruebas administradas (tests/pruebas estandarizadas).
- Descripción de fortalezas y dificultades de las distintas áreas con apoyatura en los resultados de los tests administrados:

    a. cognitivo o intelectual;

    b. aprendizaje de la lectura, escritura y matemáticas;

    c. habilidades que inciden en la conducta y aprendizaje;

    d. atención y memoria;

    e. grafomotricidad;

    f. aspectos sociales y afectivos.

- Conclusión.
- Diagnóstico (en base a lo que indica el manual de diagnóstico DSM-V).
- Indicaciones de intervención.
- Sugerencias para la casa y el colegio.

Un informe completo no es total garantía de que la intervención será exitosa, pero es un buen punto de partida para saber con certeza dónde se encuentra ese paciente al momento del diagnóstico en las distintas áreas de su ser complejo. Un informe completo es garantía de la apreciación realizada por el profesional, de la cual si se tiene dudas se puede cotejar con otro profesional para contar con otra visión diagnóstica sin por eso tener que realizar una nueva evaluación mientras que no haya perdido la vigencia de un año.

Capítulo 4

El tratamiento

Tengo 11 años, concurro a la escuela Bernardo de Monteagudo, turno tarde, y tengo dislexia. A veces, me siento menos en la escuela. Por ejemplo, cuando la señorita dicta una palabra difícil y no la puedo pronunciar. También cuando mis compañeros se burlan de mí o me esconden las cosas y la señorita no me hace caso. Me da impotencia que se burlen de mí. Me quiero superar, que nadie se burle y también que me ayuden. Quiero ser un niño como los demás, normal. No quiero sentirme menos en el grado.

EMILIO, 11 AÑOS. EN TRATAMIENTO POR DISLEXIA, SINTIÓ UN GRAN ALIVIO CUANDO SALIÓ SANCIONADA LA LEY NACIONAL Y EN SU PROVINCIA. ESPERA QUE GRACIAS A ESTA LEY CAMBIE SU REALIDAD ESCOLAR

Algunas preguntas clave para encauzarlo

¿Quién realiza el tratamiento?

El tratamiento debe ser realizado por un profesional con formación en el tema. Este suele ser el psicopedagogo, dado que la psicopedagogía es la disciplina que se ocupa del aprendizaje, pero es cierto que muchas veces existen otros profesionales vinculados al aprendizaje que se han formado o capacitado para trabajar con pacientes con dislexia o en un programa en particular.

Los fonoaudiólogos o maestros especializados también podrían llegar a cumplir el rol del psicopedagogo en lo que respecta a la dislexia en particular, si se capacitan de manera adecuada, aunque no sea lo estrictamente apropiado. También es cierto que hay psicopedagogos que no tienen formación en las DEA y el hecho de que tengan el título no es garantía de idoneidad.

El beneficio o valor agregado de un psicopedagogo es que su formación se enfoca en los procesos que inciden en el aprendizaje, en cómo se dan los aprendizajes, en el desarrollo cognitivo y en la enseñanza de habilidades específicas. En teoría debería estar capacitado para el entrenamiento tanto cognitivo como en destrezas de lectura, escritura y matemáticas, en el manejo de la atención y la consideración de aspectos emocionales –aunque no como para realizar tratamiento psicológico–, áreas que muchas veces se encuentran afectadas y merecen una mirada profesional para saber cuándo intervenir.

¿En qué consiste?

El tratamiento psicopedagógico se diferencia de una clase particular brindada por un profesor. Un psicopedagogo, además de tener una visión amplia para evaluar aprendizajes y las causas de las dificultades, se encuentra capacitado para entrenar estrategias para desarrollar distintas habilidades. La función del profesional es darle al paciente las herramientas para que pueda aprender en forma autónoma. En el caso de una dificultad de aprendizaje, se le brindarán estrategias para compensar la dificultad, y para que las apropie al punto de manejarlas con autonomía. Cuando ese punto se logra, se da el alta del tratamiento.

El tratamiento psicopedagógico en nada se parece a una clase de un maestro particular que puede ayudar al alumno a procesar contenidos, pero no a trabajar en la autonomía del aprendizaje. En relación al contenido, lo que hace un psicopedagogo es darle técnicas de estudio que le sirvan al paciente para todas las materias, mientras que un profesor busca que comprenda un contenido en particular. No compiten, sino que cada uno aborda al alumno de manera diferente y, en muchos casos, complementaria.

Según esta lógica, cuando hablamos de una problemática específica en el aprendizaje de la lectura como es la dislexia, un psicopedagogo entrena al paciente fundamentalmente en estrategias de lectura. Es posible que además aborde otras áreas que se encuentran comprometidas en cada paciente en particular, mientras busca fortalecer áreas en las que presenta habilidad, para que las pueda aplicar en una compensación exitosa de su dificultad.

En el caso de la dislexia, el profesional debe apuntar principalmente al desarrollo de estrategias lectoras que le permitan alcanzar la lectura fluida. Para esto deberá implicar además el fortalecimiento de las habilidades fonológicas que se encuentran comprometidas. También se asistirá al paciente en el desarrollo de estrategias de escritura, ya que generalmente muestran algún tipo de compromiso que excede la simple ortografía, aspecto que nunca lograrán compensar en forma completa.

La eficacia del tratamiento que se elija debe haber sido probada en investigaciones o estudios científicos. Existen muchas propuestas no probadas científicamente o con resultados poco concluyentes que no demuestran real impacto en el fortalecimiento de la habilidad lectora. Juan Ripoll Salceda refiere en una revisión de la literatura, que la terapia visual, las lentes de color, el entrenamiento perceptivo motor, la integración sensorial, el método sensorial de Davis, la musicoterapia, dietas o suplementos alimenticios no cuentan con base científica. En cambio afirma, como se ha demostrado en los trabajos de Margaret Snowling, Nancy Scammacca, Maureen Lovett, Frank Vellutino, Richard Wagner y Joseph Torgesen, por citar algunos, que el tratamiento debe estar orientado al entrenamiento fonológico, en las correspondencias de las letras con sus sonidos y en las habilidades lectoras, y permite demostrar el avance en el tiempo. También se sabe que la intervención temprana y el trabajo individual o en grupos pequeños es más eficiente.

El tratamiento de la dislexia sigue un lineamiento diferente de acuerdo a la etapa en la que se detecte. Se hace más énfasis en unas destrezas más que en otras según el momento de diagnóstico y las necesidades que enfrenta el paciente.

El tratamiento según las edades

El tratamiento de 3 a 6 años

En este grupo de edad, generalmente se encuentran niños diagnosticados "en riesgo" de presentar dificultades en el aprendizaje de la lectoescritura. El riesgo se detecta sobre la base de la evaluación de habilidades previas o predictoras del aprendizaje de la lectura. Entonces el tratamiento debería estar dirigido al trabajo en estas tres competencias que ya mencioné varias veces:

- *Conciencia fonológica*: detección de rimas, sílabas, sonido inicial y final, deletreo de palabras por el sonido. Se hace énfasis en la posición de la boca para producir los diversos sonidos, lo cual genera rápida conciencia de fonema.
- *Reconocimiento de letras*: se trata a las letras como sonidos (la sss), es decir, no por el nombre hasta que no domine el principio alfabético, se la asocia a un dibujo en particular (la sss de serpiente), y luego de que domina los sonidos se enseña el nombre de la letra (la ese).
- *Escritura*: representación de los sonidos que va detectando, primero letra inicial y final, luego sonidos medios.

En forma conjunta, suele trabajarse también el conteo oral, el reconocimiento y escritura de números, ya que son habilidades comúnmente menos desarrolladas en niños en riesgo. Además se lo puede iniciar en la estrategia de lectura silábica que se explica más abajo. Trabajar en la estrategia de lectura (la mmm con la aaa, MA) los ayuda a comprender más rápido el principio alfabético.

TABLA 4.1
Ideas para estimular predictores

NOCIONES	ACTIVIDADES
CONCIENCIA FONOLÓGICA	• Jugar al "crea genios" o "buscando letras"(lotería por fonema inicial). • Jugar a decir palabras que empiecen con determinado sonido. Por ejemplo: "Viene un barquito cargado de palabras que empiezan con mmmmm". Empezar con las vocales, luego las consonantes continuas (S, L, M, N, R, F, J) después las discontinuas (T, P, D, B, G, C) y finalmente las demás. • Nombrar imágenes de juegos como el memotest, y decir con qué sonido empiezan. • Tomar imágenes de juegos como el memotest y jugar a dar pistas sobre el dibujo informando sobre la categoría a la que pertenece (animal, objeto, planta, bebida, mueble, etc.), rasgos característicos (tiene 4 ruedas) y función (sirve para transportar cosas), pero también incluyendo como pista el sonido con el cual empieza (empieza con "cccc/kkkkk")= camión/camioneta. • Jugar a desmenuzar las palabras cortas en sus sonidos (SOL- SSS- OOO-LLL). • Jugar a cambiarle el sonido inicial a palabras cortas. Por ejemplo: pala, cambiar pppp por sssss, ¿qué quedó? Sala.
RECONOCIMIENTO DE LETRAS	• Cantar el abecedario. • Trazar las letras con diversos materiales (plastilina, sobre polenta o harina, con marcador, crayón, arena). • Jugar a "descubrir" de qué letra se trata poniéndose un antifaz y sintiendo en las manos la letra de goma eva u otro material rugoso. • Realizar actividades del libro *Letramanía 1* o *Benteveo palabras 1*.
ESCRITURA	• Promover la escritura espontánea de palabras de cuatro o cinco letras fomentando el deletreo y la correspondencia con la letra. • Practicar el trazado y direccionalidad de letras y números (en polenta, con marcador, en el aire, en la espalda, en la pizarra). • Jugar a escribir la letra inicial de las palabras, luego la final. Incentivar especialmente las vocales, luego las consonantes continuas (como S, L, M, N, R, F, J) y luego las discontinuas (T, P, D, B, G, C).
RECONOCIMIENTO DE NÚMEROS	• Jugar a tirar la pelota mientras se va contando, el adulto dice los números impares y el niño los pares. Hacerlo primero hasta el 10, luego hasta el 20, luego hasta el 30, para que incorpore la serie numérica mental. • Trazar los números con diversos materiales (plastilina, sobre polenta o harina, marcador, crayón, arena). • Jugar a "descubrir" de qué número se trata poniéndose un antifaz y sintiendo en las manos el número de goma eva u otro material rugoso.

El tratamiento de 6 a 12 años

En esta etapa, el tratamiento debe dirigirse directamente al entrenamiento en estrategias lectoras, excepto que el niño aún no se haya iniciado en la lectura. Si es así, se trabajará primero en los predictores enumerados más arriba, pero en forma conjunta se trabajará la estrategia para iniciarlos en la lectura silábica. Una vez que el niño se ha iniciado en la lectura ya no se trabajan los predictores, sino que se lo va entrenando en distintas estrategias de lectura según la etapa de lectura en la que se encuentre.

GRÁFICO 4.1
Etapas de la lectura

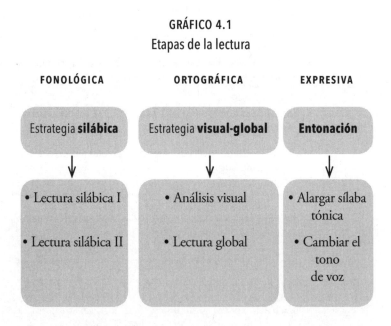

FONOLÓGICA	ORTOGRÁFICA	EXPRESIVA
Estrategia **silábica**	Estrategia **visual-global**	**Entonación**
↓	↓	↓
• Lectura silábica I	• Análisis visual	• Alargar sílaba tónica
• Lectura silábica II	• Lectura global	• Cambiar el tono de voz

- *Etapa inicial.* Cuando aún no se ha iniciado en la lectura se refuerzan los predictores y se le enseña que dos sonidos juntos forman una sílaba (mmm con la aaa, ma). Si bien se comienza diciéndole la mmm con la aaa, luego habrá que decirle que ya no necesita decir eso para que no incorpore una estrategia poco económica, sino directamente leer ambos sonidos juntos (mmmaaa).Luego de poder reconocer y leer sílabas, se estimulará al niño para juntar dos sílabas y formar una palabra de estructura simple (CVCV-consonante vocal), para finalmente llegar al significado de la palabra. Cuando ya puede leer palabras simples, aún aquellas que no ha practicado, se puede pasar a lo que se llama etapa 1 o fonológica.

- *Etapa fonológica de lectura.* Se entrena al niño en la lectura por sílabas de palabras de diversa complejidad. Una técnica frecuente es pedirle que vaya marcando el ritmo silábico con golpecitos sobre la mesa. También se le enseña a respirar exageradamente para que aprenda a manejar el aire. Es usual pedirle que tome aire, luego que lea por sílabas, y que al final de la palabra o en los puntos y las comas, largue el aire sobrante para luego volver a tomarlo. Se lo anima a leer siempre en voz alta, y nunca primero en silencio y luego en forma oral. También se lo anima a que utilice esta estrategia de leer mientras marca el ritmo silábico en palabras largas o difíciles.

- *Etapa ortográfica.* Se le enseña a "mirar" la forma visual de las palabras mientras se las lee en forma rápida (1 segundo). Se le dirige la atención a la letra inicial y final con la que empiezan; a la forma global (si es "chata" como "mañana", o si tiene letras que suben y bajan como "pelota"). También se le enseña a mirar el texto en forma global, es decir, a ver más allá de la palabra que está leyendo. Una técnica frecuente es jugar al "stop": cuando se dice stop, el niño debe levantar la vista y decir qué palabras seguían a la derecha, es decir, las que todavía "no leyó".

• *Etapa expresiva o fluida.* Esta es la última etapa de la lectura. Una vez lograda, se considera que se ha automatizado el proceso lector. En este sentido no se toman en cuenta estrategias de comprensión y procesamiento de textos, sino tan solo de automatización del acto lector. La comprensión se aborda hasta este punto como simple "parafraseo", es decir, se pide al niño que diga qué comprendió. Luego, en adolescentes y universitarios se propone un trabajo más enfocado a la comprensión, pero sobre la base de que decodifican relativamente bien. Para lograr fluidez y expresión, es fundamental que las etapas fonológica y ortográfica estén logradas. El paciente debe leer con pocos errores, aunque lo haga de un modo monótono. Entonces se le enseña a ponerle expresividad al texto. Algunas técnicas simples que se trabajan para esto son pedirle que "alargue" la sílaba de alguna palabra (se alarga la sílaba tónica, pero como les resulta difícil identificarla, se le pide que alargue las sílabas de las palabras que tienen tilde), o que ponga entonación cuando vea un signo de interrogación o exclamación. También se le enseña a dominar el acento o el énfasis del tono pidiéndole que lea como leería un extranjero el español. Es un ejercicio simple y divertido y les puede dar una rápida idea de cómo empezar a ponerle entonación al texto. Siempre se le pide que respete el ritmo, la respiración en puntos y comas, y el silabeo de palabras difíciles.

Además de trabajar las estrategias lectoras, es importante reforzar las habilidades fonológicas mediante ejercicios de deletreo y composición de palabras, ejercicios que son la base de la compensación y de la lectura y la escritura precisas.

En forma conjunta, es relevante trabajar otras destrezas en las que también se ve el impacto de la dislexia, como la escritura o la organización de una redacción o una mayor variedad lingüística; el cálculo mental y en algunas ocasiones el afianzamiento del sistema de numeración, es decir, la identificación del nombre de los números, la escritura de los números y el conteo oral enfatizando el pasaje de decena a centena a fin de afianzar el concepto de inclusión que encierra un número, ya que se les hace especialmente difícil entender que antes de un número terminado en ceros, se ubica uno que termina en 9, por ejemplo: 500-499 o 40-39.

Asimismo, es común que en el tratamiento se brinden estrategias para retener aprendizajes básicos que se dan en la primaria. Como un alumno con dislexia suele tener mala memoria verbal, se le dan ideas para guardar la información de conceptos importantes, como apoyarse en pequeñas historias o ayudamemorias. Estas estrategias suelen aplicarse a conceptos como palabras agudas-graves-esdrújulas, sustantivo-adjetivo-verbo, restas y sumas con dificultad, mecánica de la división, etc.

El tratamiento en adolescentes y universitarios

Cuando la dislexia es detectada en forma tardía, o bien cuando se necesita hacer una revisión de estrategias para la lectura de textos, la modalidad o el foco del tratamiento serán diferentes. Si bien se trabajan algunas estrategias lectoras, se enfatiza más la lectura para el procesamiento de la información (comprensión lectora) que la lectura expresiva. También es importante trabajar mucho la expresión oral como alternativa para poder comunicar lo aprendido, y la expresión escrita a fin de que lo logren comunicar en forma académica.

- *Habilidades fonológicas.* Si el paciente no ha recibido ninguna intervención en la niñez, es importante realizar algunas sesiones de fortalecimiento de las habilidades fonológicas (deletreo y composición de palabras).

- *Lectura expresiva.* Para trabajar la lectura expresiva en esta edad, se extiende lo expuesto anteriormente en la fase de lectura expresiva, con la diferencia de que la intervención durará menos sesiones, porque el adolescente o adulto incorpora rápidamente las estrategias, aunque no llega a automatizarlas como lo hace un niño.

- *Lectura según el objetivo.* A diferencia de lo expuesto para chicos hasta 12 años, en esta etapa se busca brindar también estrategias que permitan leer con distintos objetivos. Es decir, leer para buscar una información determinada, leer para tener una idea global de qué trata el texto (prelectura), leer subtítulos, leer distintos tipos de escrituras (siglas, vocablos en otro idioma, etc.), leer para recordar, leer para transmitir información, leer para argumentar, leer para profundizar un tema, leer para informarse. Es decir, las estrategias lectoras que necesita un adolescente y un universitario son mayores y requieren de la incorporación de un gran abanico de recursos que apuntan más a la comprensión que a la decodificación.

- *Procesamiento de la información.* En este rango de edad, es importantísimo enseñarles a subrayar ideas centrales, reconocer palabras que no comprenden y buscarlas en un diccionario digital para reemplazarlas por sinónimos (dado que el hecho de haber evadido la lectura hace que tengan poco vocabulario), y trabajar técnicas de estudio que le permitan organizar de manera lógica la información leída en esquemas donde lo que prime sea la apoyatura visual para el recuerdo de la información. Las personas con dislexia tienen un gran desarrollo de la memoria visual, lo que sí es utilizado para procesar información y será de gran ayuda para el rendimiento académico. Generalmente estudian de memoria y no aprovechan su gran capacidad de memoria fotográfica o visual. Es importante enseñarles a utilizar sus áreas de fortaleza. Entre las habilidades de mayor importancia se encuentra la toma de apuntes. Deben aprender a sintetizar información, tanto para resumir lo leído como para simplificar lo escuchado. Si comprenden que una palabra puede encerrar muchas ideas que luego relacionan con otras, habrán entendido la clave del éxito en el estudio. En general, las personas con dislexia no desarrollan espontáneamente esta habilidad, pero la incorporan si se les enseña en forma explícita.

- *Expresión oral.* Esta habilidad como objetivo de tratamiento parece casi ridícula porque se sabe que la fortaleza de las personas con dificultades en la lectoescritura se ubica en la oralidad. Pero existen dos razones de peso para hacerlo, la primera es que es bueno trabajar las áreas de dificultad apoyándose en un área de fortaleza; y la segunda tiene que ver con que no hay que perder de vista que la oralidad se enriquece en gran medida por la lectura, sobre todo la oralidad de nivel académico. Es decir, para ser buenos oradores, debemos contar con un amplio vocabulario y, a nivel educativo, es imperativo saber utilizar vocabulario específico a la materia en forma simultánea con destrezas de organización del relato. Esto se aprende por enseñanza oral explícita, pero en forma natural se incorpora a través de la lectura. Las personas con dislexia generalmente evitan situaciones de lectura, y pasan a leer lo mínimo e indispensable por lo cual no llegan a desarrollar amplias destrezas lingüísticas a nivel académico, al menos que les sean explicitadas. Es por esto que es importante que, en un tratamiento a esta edad, se aborde la competencia oral, la cual luego será motor de la riqueza y organización de la expresión escrita. Escribimos como hablamos, de eso no hay duda. Pero no siempre hablamos como debemos escribir, y más aún para la escritura académica. Es importante que el alumno sepa reconocer cuándo es necesario una destreza y cuándo la otra, cuándo se habla o se escribe coloquialmente, y cuándo en forma académica, eso sí, si cuenta con variedad de competencias. Entonces, es posible y más efectivo iniciar la intervención por vía oral para luego pedirle que la vuelque por escrito que viceversa. Los alumnos con dislexia aprenden más por vía oral que a través de la vía escrita, pero pueden mejorar esta última a través del enriquecimiento de la vía oral.

• *Expresión escrita.* En el colegio secundario y en la universidad, el poder poner las ideas por escrito es una habilidad fundamental. Hoy en día en los colegios casi no se enseña a escribir en forma académica, a argumentar o a desarrollar ideas, habilidades que necesitan ser abordadas para el aprendizaje de todos los alumnos. Es lo que algunos llaman alfabetización académica, el desarrollo de habilidades que no se adquieren naturalmente sino que deben ser modeladas por adultos que las dominen, para luego ser apropiadas por los estudiantes. En alumnos sin dislexia también se observa falta de desarrollo en este punto, pero muchas veces estos jóvenes tienen otros recursos que les permiten sortear el vacío de no contar con estas destrezas. En alumnos con dislexia, es fundamental que se trabajen en forma explícita dado que tienen muchos frentes que atender por su dificultad intrínseca y no se pueden dar el lujo de no contar con ellas. El tener dislexia no es impedimento para que las desarrollen, pero se debe procurar en el tratamiento, su abordaje para posicionarlos mejor en situaciones de escritura y de evaluación, ya que tienen otras desventajas como la mala ortografía y, en algunos casos, la mala caligrafía. Un tratamiento debería enseñarles en forma explícita cómo asociar ideas, el uso de conectores para organizar información, la argumentación y el desarrollo de ideas.

El tratamiento en adultos

Pocas veces se encuentran adultos que soliciten una evaluación diagnóstica y menos aún el tratamiento de las dificultades lectoras. Pero, con la creciente identificación de las dificultades lectoras (antes pasaban más desapercibidas), es cada vez más frecuente que lleguen a la consulta padres luego de que su hijo haya sido diagnosticado con dislexia. La gran mayoría ya ha encontrado una salida laboral más o menos exitosa y se encuentran sin necesidades reales de aprender estrategias lectoras, porque simplemente no leen demasiado y encuentran numerosas ayudas para suplir el hecho de no contactarse con la lectura.

Sin embargo, hay otros adultos que al reconocerse disléxicos quieren volver a los proyectos que dejaron de lado porque se habían declarado incapaces y deciden enfrentar un nuevo título académico o tan solo un curso de posgrado, y hasta en algunos casos terminar el colegio que nunca lograron aprobar. En esos casos, se diagrama un tratamiento adaptado a la necesidad o exigencia que cada uno va a requerir. Si se va a enfrentar al estudio, entonces un modelo de tratamiento como el descripto para adolescentes y universitarios es adecuado. Pero si lo que desean es mejorar el rendimiento laboral, se los capacita en herramientas tecnológicas que les permitan superar rápidamente la dificultad como pueden ser los lectores de textos, *software* de escritura por voz, uso de agenda y anotadores y organizadores basados en dinámica visual, entre otros.

Hay una explicación por la cual se optan por este tipo de mecanismos tecnológicos para adultos y no para los más jóvenes. Este motivo tiene que ver en principio con la edad. En la edad adulta el cerebro ya no es tan plástico como en la niñez, pero además el adulto dispone de menos tiempo para hacer un tratamiento y necesita resultados rápidos y prácticos. Hay que tener en cuenta que cualquier estrategia que se busque instalar en personas adultas no funcionará de manera automatizada porque el cerebro está de algún modo determinado por años de costumbre, hábitos y formas sobre cómo realizar procesos diferentes y que son muy difíciles de erradicar. El adulto puede aprender nuevas estrategias, pero tendrá que pensarlas cada vez que quiera activarlas y no lo hará en forma automática, cosa que sí puede hacer un *software*. Es por esto que se elige entrenarlos con herramientas externas.

TABLA 4.2
Resumen de tratamiento según la edad

EDAD	HABILIDAD IMPORTANTE A TRABAJAR
3 A 6 AÑOS	• Conciencia fonológica- Reconocimiento de letras- Escritura espontánea. • Otras habilidades: identificación y escritura de números, conteo oral.
6 A 12 AÑOS	• Habilidades fonológicas. • Lectura fonológica. • Lectura ortográfica. • Lectura expresiva. • Otras habilidades: cálculo mental, sistema de numeración, redacción.
ADOLESCENTES Y UNIVERSITARIOS	• Habilidades fonológicas. • Lectura expresiva. • Lectura con distintos objetivos. • Procesamiento de la información. • Expresión oral y escrita.
ADULTOS	• Apoyo en la tecnología según la necesidad. • Lectura con distintos objetivos. • En caso de enfrentar desafío académico: a. Procesamiento de la información. b. Expresión oral y escrita.

Distintos tipos de tratamiento

El tratamiento variará de acuerdo al enfoque del profesional, pero en el caso de la dislexia se sabe, por evidencia científica qué es lo necesario para que se compensen las dificultades. Un tratamiento serio debería apuntar al entrenamiento y desarrollo de las habilidades que, está probado, sirven para compensar la dislexia. Estas son: habilidades fonológicas, estrategias de lectura, vocabulario, expresión oral y escrita.

También existen programas probados científicamente que son aptos y eficientes para el tratamiento de la dislexia. Un profesional puede optar por seguirlo o no, pero lógicamente tendrá mayor credibilidad que se implementen recursos basados en la evidencia científica que en la mera clínica del profesional.

Quizás lo que sí sea más variable sea la modalidad de trabajo de los profesionales. Algunos trabajan por períodos de cuarenta y cinco minutos, otros de sesenta. Algunos eligen ver al niño una vez por semana, otros dos o más veces. Algunos pueden tener la costumbre de evaluar al menos anualmente los resultados que se obtuvieron ese año de tratamiento, otros no; algunos tienen muchas entrevistas con los padres y el colegio, otros menos. Es decir, en estas variables descriptas se diferencian más los tratamientos y es algo que quizás pueda ser más aceptable. Lo que no se puede aceptar es que se deje de trabajar lo que científicamente está probado que debe trabajarse para lograr una compensación en un paciente con dislexia. Básicamente si el paciente va al tratamiento a jugar al tutti-frutti o al ahorcado y no trabaja estrategias explícitas de lectura, entonces se sabrá que no es un espacio útil para su problemática. Una estrategia muy sencilla es preguntarle al profesional cómo trabaja, pedirle alguna vez presenciar la sesión y que brinde pautas sobre qué estrategias se pueden reforzar desde la casa. Un padre es libre de elegir al profesional y es fundamental que pueda confiar en que lo que está haciendo es adecuado y efectivo para el hijo.

El inicio

Cuanto antes se empiece el tratamiento, mayores son las posibilidades de compensación. Es más, si se inicia antes de tercer grado, está demostrado que la posibilidad de compensación es mayor. ¿Por qué ocurre esto? Porque el cerebro es como un músculo, que aprende, que desarrolla vías de conexión neuronal eficiente mediante estímulo.

Leer es una destreza que el cerebro debe aprender dado que genéticamente no está determinado para desarrollar esta habilidad. El cerebro cuenta con procesadores que harán posible la lectura, y la lectura fluida, pero lo desarrolla frente a un estímulo. Está comprobado que el cerebro puede aprender a activar la zona de lectura fluida que no se desarrolla naturalmente en personas con dislexia, si es estimulado debidamente. Ahora bien, si con anterioridad ha aprendido otro camino para leer, entonces se hace más difícil que automatice la nueva estrategia como única para el proceso lector. Entonces, si se realiza la intervención cuando la persona aún no ha aprendido a leer o cuando apenas empieza a hacerlo, el cerebro aprenderá una vía eficiente de lectura y no tendrá la puja interna de qué camino utilizar.

Nuestro cerebro es buen aprendiz pero mal *desaprendedor*. Lo que se establece queda instalado y es muy difícil desandar una vía de aprendizaje. Por ejemplo, si ha tomado el hábito de deletrear y luego decir la palabra entera, o bien leer primero en silencio o repetir palabras o los principios de las palabras, habrá que trabajar primero en quitar esos vicios y se pierde un tiempo valiosísimo mientras se demora la posibilidad de instalar una estrategia adecuada.

Esto puede verse en forma más palpable con la ortografía. Al aprender a escribir una palabra de manera incorrecta, luego es muy difícil enseñar la ortografía correcta porque siempre se le presentarán como posibilidades de escritura ambas opciones, la correcta y la incorrecta.

Entonces, cuanto antes se inicie el tratamiento, mejor, porque se instalará un mecanismo más eficiente de lectura, que implique las zonas de lectura fluida radicadas en el hemisferio izquierdo, y con ello aumentará la posibilidad incluso de que la ortografía sea más adecuada. Además, y lo que es más importante, el paciente no evitará la lectura que es fuente de acceso a vocabulario y a estructuras más complejas de lenguaje. Este hecho impactará en una mejor comprensión lectora y en un aumento progresivo del vocabulario, porque no encontrará tanta frustración a la hora de leer. Cuanto antes se activen las zonas de lectura fluida, mayor impacto se logrará en la compensación de la dificultad.

La frecuencia

Los estudios muestran que cuanto más frecuente se realice la intervención, más éxito tendrá el tratamiento. Esto se debe a que el cerebro funciona por conexiones que de realizarse en forma repetida se establecen como caminos que luego quedan grabados. No es un simple automatismo que sucede sin que el paciente intervenga, al contrario, se necesita de su metacognición y motivación para que este entrenamiento sea efectivo y se transfiera y generalice a otros ámbitos. Cuanto más frecuente sea la intervención, más probable es que se dé la generalización.

Hay estudios que demuestran que la efectividad de un tratamiento realizado una vez por semana es menor que dos veces por semana. La frecuencia puede ser aún mayor como proponen en muchos programas de Estados Unidos. Como se sabe que una persona con dislexia necesita un promedio de cien horas de intervención, entonces la realizan de manera intensiva (diariamente o varias horas por día).

Este tipo de tratamiento no siempre es posible si se tiene en cuenta que el paciente es una persona que además de aprender e ir al colegio, tiene una vida social, necesita jugar y estar con su familia. Se hace muy costoso a nivel tiempo y dinero realizar tratamientos con frecuencia diaria, por eso no son los más comunes. Además, sabemos que se logra la misma efectividad con una frecuencia de dos veces por semana durante dos años, lo cual es claramente más viable.

La duración

Un tratamiento puede ser más o menos largo considerando las áreas que se encuentran comprometidas en cada caso en particular. Estudios realizados en niños argentinos con dislexia muestran que cuando se trata de una dislexia pura, es decir, sin compromiso de otras habilidades o áreas del aprendizaje, se necesitan de setenta y cinco a cien horas de tratamiento, lo cual lleva un total de dos años a dos veces por semana. Sin embargo, cuando la dislexia se encuentra asociada a otras problemáticas, el tratamiento suele necesitar más tiempo. Por un lado porque la compensación de la lectura es más lenta, y por otro, porque es necesario abordar múltiples habilidades a lo largo de la intervención, lo cual lleva más tiempo.

Qué esperar del tratamiento

El tratamiento se dirige a la compensación de las dificultades lectoras. Como se describió anteriormente, la dislexia tiene base neurobiológica y lo que se observa a través de estudios de neuroimagen es que las personas con dislexia presentan una activación deficiente del área fonológica donde se inicia el proceso lector, y luego no activan la zona del hemisferio izquierdo relacionada con la lectura fluida. Por esto, el tratamiento se dirige a la enseñanza de estrategias que permitirán fortalecer el área fonológica y activar el área de lectura fluida. La dislexia no se soluciona con la simple exposición a la lectura, se necesita el trabajo explícito en ideas o estrategias sobre cómo leer y cómo procesar la información para comprenderla. Según las investigaciones de expertos en el tema, como Todd Richards, Sally y Bennett Shaywitz, Kenneth Pugh, Panagiotis Simos y Jack Fletcher, por citar algunos, luego de una intervención cognitiva y explícita en destrezas fonológicas y de lectura, se logra la activación cerebral de las áreas vinculadas a la lectura fluida, lo que se traduce en una compensación de la dificultad que se puede observar en una mejora significativa de los valores de pruebas estandarizadas que exploran la lectura fluida

Básicamente, lo que se debe esperar de un tratamiento de dislexia es que se dirija al trabajo intensivo en estrategias lectoras.

Un profesional que trabaja en forma seria puede mostrar el progreso eficaz del paciente en el tratamiento y volcarlo en un informe de evolución. Para esto debe evaluar al paciente con pruebas estandarizadas. Mínimamente se espera que una vez al año se reevalúe al paciente para observar progresos y tomar determinaciones respecto de las necesidades escolares y de los objetivos que se plantean en el tratamiento para el año siguiente. Pero también se lo puede evaluar cada 3 o 6 meses, según sea la modalidad del profesional. Por ejemplo, con el programa JEL de estrategias lectoras se sabe que debe mejorar tres a siete palabras por minuto (prueba de lectura de palabras) cada veintiún sesiones, lo cual es un pronóstico de respuesta típica a la intervención. Si mejora menos, se considera que responde en forma lenta, y se mejora más, su evolución es considerada más que exitosa.

Las reevaluaciones permiten considerar si lo que se estuvo trabajando dio resultado, el nivel de respuesta del paciente a la intervención, y si es necesario abordar otras áreas que hasta el momento no estaban siendo atendidas.

Es frecuente que el profesional dé prioridad a unos objetivos por sobre otros para poder brindar intensidad a la intervención. Dice el refrán "el que mucho abarca, poco aprieta", y esto es muy cierto en el caso de los tratamientos. No se pueden abordar todos los frentes al mismo tiempo, porque se sabe que para que se adquieran estrategias compensatorias es necesario darle intensidad y frecuencia a la intervención. Por eso muchas veces se elige primero dar lugar a la alfabetización, luego abordar áreas comprometidas en aprendizajes como escritura y matemáticas, y en otro momento trabajar las áreas cognitivas que se pudieran encontrar afectadas. Se trata de una elección que realiza el profesional según se lo indique su experiencia y el caso particular del paciente. En algunos casos es necesario trabajar primero habilidades cognitivas para que el paciente gane recursos metacognitivos (ser consciente sobre cómo pienso o proceso la información), que le permitan colaborar con la intervención y sortear situaciones escolares en forma más autónoma. En otros, urge el trabajo simultáneo en escritura o matemáticas. Pero siempre lo prioritario es el trabajo en estrategias lectoras (que puede realizarse con un programa específico) y la lectura de textos.

Si la sesión dura sesenta minutos, se dedican treinta minutos al entrenamiento lector y restan otros treinta para el entrenamiento simultáneo en otras habilidades que necesite el paciente. Si la sesión dura treinta minutos, no alcanza el tiempo para otra actividad, y si dura cuarenta y cinco minutos (como la mayoría de las intervenciones), restará algo de tiempo para el trabajo en otras destrezas.

Pero hay que tener en cuenta un rasgo que también tiene que ver con la edad de los pacientes con los que se trabaja. En un tratamiento los niños también quieren jugar. Es esperable que realicen un juego al finalizar la sesión, o que el profesional proponga las actividades con algún incentivo lúdico para que el niño se sienta a gusto de asistir dos veces por semana.

Los programas de intervención generalmente tienen algún aspecto lúdico, pero igualmente el paciente debe estar motivado porque trabajar en el área de dificultad requiere colaboración explícita del niño y de su esfuerzo. Es esperable que en algunos momentos les dé pereza asistir y opongan resistencia, pero es primordial que los padres respeten la frecuencia y la asistencia al tratamiento, porque la eficacia se desprende no solo del programa de intervención que se utilice, sino también de la frecuencia de la intervención y del vínculo que el paciente construya con el profesional.

Con respecto a esto, es importante que se genere un buen vínculo porque si todo sale bien trabajarán al menos dos años con el mismo profesional. El paciente debe confiar y asistir motivado, y los padres deben creer también en su capacidad. Si existe alguna duda sobre este aspecto, lo mejor es tener entrevistas hasta sentirse a gusto, o bien cambiar de profesional. La confianza y el buen vínculo son fundamentales.

Muchas veces la seguridad en la intervención se da recién cuando el profesional muestra un informe de evolución, con base en pruebas estandarizadas. Estos informes permiten una mirada objetiva, un momento de reflexión tanto para el profesional como para los padres, y la posibilidad de realizar interconsultas si los padres desean pedir una segunda opinión, lo cual es bastante frecuente.

¿QUÉ ESPERAR DE UN TRATAMIENTO?
• Que comience con un diagnóstico basado en pruebas estandarizadas y con un informe escrito.
• Que el profesional explique qué es la dislexia y en qué consiste el tratamiento.
• Que se trabajen estrategias para la lectura principalmente, y de ser necesario otras áreas involucradas.
• Que se brinden sugerencias para el colegio.
• Que se reporte la evolución en un informe con pruebas estandarizadas al menos una vez al año.
• Que exista buen vínculo profesional-paciente-padres.
• Que se respete la frecuencia para obtener mejores resultados.
• Que en algún momento el paciente muestre fatiga.

La respuesta al tratamiento

Si bien hay valores promedio de respuesta a la intervención según el programa que se aplique, como se dijo anteriormente, la respuesta al tratamiento varía de acuerdo a la cantidad de áreas comprometidas y a la edad de detección. Por ejemplo, con un programa estandarizado como es el JEL, una buena medida de la respuesta a la intervención se puede observar luego del primer período de tratamiento, a las veintiún sesiones. En ese período, los pacientes realizan una evolución que refleja la curva de progreso que se seguirá repitiendo en el tiempo, teniendo en cuenta si se trata de un trastorno simple o comórbido, es decir que se presenta en conjunto con otra dificultad.

También hay que tener en cuenta que algunos pacientes muestran mayor facilidad para fortalecer la vía fonológica y otros para desarrollar la vía léxica o de reconocimiento visual de palabras. Es decir, existen distintos tipos de respuesta o perfil lector. Algunos chicos leen fonológicamente durante mucho tiempo –mediante el silabeo y con mucho cuidado de no cometer errores, lo cual hace que su lectura sea muy lenta– y les cuesta mucho desarrollar el reconocimiento visual de palabras. Otros en cambio tienden a leer en forma más impulsiva, adivinando gran parte de las palabras y logran fluidez en la lectura de textos, pero con alta comisión de errores, es decir, con baja correspondencia fonológica. Estos perfiles se encuentran muy relacionados con la edad de detección del trastorno y también con la personalidad del niño. Algunos chicos más temerosos, controladores y exigentes consigo mismos optan por la lectura más fonológica, mientras que aquellos más dispersos, impulsivos o ansiosos se vuelcan por una lectura más visual y ágil, pero con errores.

Programas especializados para el tratamiento de la dislexia

Existen pocos programas especializados en español, mientras que hay mayor variedad en inglés. En la Argentina, el equipo de investigación que dirijo desarrolló programas basados en evidencia tanto teórica como práctica que ayudan a los niños con dificultades de aprendizaje. Los programas se validaron en población argentina. Los tres kits cuentan con pruebas de evaluación estandarizadas y un programa de intervención. Los primeros dos están pensados para la intervención docentes con todo el grupo escolar. El tercero está diseñado para el trabajo de psicopedagogos en el tratamiento de la dislexia.

PROGRAMAS PARA TRATAR LA DISLEXIA

a. JEL-K para desarrollar la conciencia fonológica y el reconocimiento de letras en niños de 3 a 6 años. Cuenta con una prueba estandarizada sobre los predictores de la lectura y material de trabajo para que los docentes usen con los niños en clase. Es material manipulable y apunta al trabajo oral.

b. JELMAT-K para desarrollar habilidades matemáticas básicas en niños de 3 a 6 años. Cuenta con una prueba estandarizada sobre los predictores numéricos y las habilidades matemáticas básicas, así como material de trabajo manipulable para que los docentes implementen con los niños en clase.

c. JEL para desarrollar estrategias lectoras en niños de 6 a 12 años. Cuenta con pruebas estandarizadas de habilidades fonológicas y fluidez lectora (palabras y pseudopalabras), así como un programa de entrenamiento en estrategias lectoras que dispone de material manipulable y un *software*.

d. GLIFING: Programa español de diseño web para trabajar desde la casa, con una guía para padres en la decodificación. Cuenta con actividades de distinto nivel que son seleccionadas por un profesional entrenador luego de una breve evaluación. Se realiza un monitoreo *online* del desempeño del paciente. <www.avesedari.com/es-ES/glifing>.

También existe material de trabajo de la conciencia fonológica, lectura y escritura en formato cuadernillo:

- Programa Dale (Beatriz Diuk) disponible en la Web. Cuenta con soporte de investigación.

- Serie Letramanía (KEL Ediciones).

- *Aprender a leer* (María Pujals): actividades para el inicio lector.

- *Leamos juntos* (Ana María Borzone y Sandra Marder): para primer y segundo grado.

- *Ayudando a futuros lectores* (Ariel Cuadro y Daniel Trías): cuaderno de actividades para desarrollar la conciencia fonológica. Cuenta con estudios pre- y posintervención eficaces.

- *LEE comprensivamente* (Bárbara Gottheil, Liliana Fonseca y colaboradores): cuadernillo para trabajar la comprensión lectora (cuenta con estudios pre- posintervención eficaces).

El alta en la dislexia

Es difícil hablar de alta de tratamiento cuando se sabe que la dislexia es una dificultad que no desaparece totalmente porque supone una condición o funcionamiento diferente de base neurobiológica.

No obstante, mis veintidós años de experiencia de intervención en dislexia me permiten afirmar que se pueden delinear patrones que sugieren que el paciente ha encontrado la manera de compensar la dificultad y, por lo tanto, no es necesario continuar con el tratamiento.

Para ponerlo en palabras simples, si un paciente alcanza lo esperado o cercano a lo esperado en habilidades lectoras (teniendo en cuenta el grado que cursa) y tiene buen rendimiento académico, con relativa autonomía, entonces puede considerarse lo que se llama *alta parcial de tratamiento*. El alta parcial se decide cuando el paciente ha logrado los objetivos que se esperaban en el tratamiento y puede manejarse con autonomía.

Ahora bien, para dar el *alta total del tratamiento*, se debe comprobar que el paciente continúa avanzando y mejorando sus estrategias a pesar de no seguir en tratamiento. Esto se comprueba con una evaluación que se realiza luego de seis meses o un año a partir de la fecha de finalización del tratamiento. Es decir, se lo vuelve a evaluar en fluidez lectora y en las áreas que se estuvieron abordando en el tratamiento, y si continúa nivelado respecto del grado en el que está, entonces se le brinda el alta total. Este resultado indicará que el paciente continuó avanzando en forma independiente, es decir, que puede avanzar sin asistencia al menos por un período donde las estrategias aprendidas le son suficientes.

Lamentablemente, el alta total no es algo que suceda con frecuencia ya que la carga académica y las habilidades que necesita un alumno a lo largo del tiempo van cambiando. Entonces es normal o esperable que vuelva a necesitar una nueva intervención para adquirir las nuevas habilidades que se requieren. Si el paciente ya ha realizado el tratamiento básico de cien horas en estrategias lectoras, luego solo necesitará una breve intervención en las nuevas destrezas que se requieren y ello no debería durar más de doce a veintiún sesiones.

En estas nuevas instancias, el paciente retoma el tratamiento para refrescar estrategias anteriores y para incorporar las que necesita en el nuevo período. Por ejemplo, si ha hecho su tratamiento entre primer y tercer grado, es esperable que vuelva cuando se encuentre en sexto o séptimo grado, cuando requiere manejar técnicas para el estudio autónomo y ya no le es suficiente el saber leer, sino que necesita estrategias para leer en forma veloz, seleccionar información relevante, tomar apuntes, procesar la información, asociar, argumentar en forma oral y escrita, y enfrentarse a la lectura académica.

En otros casos, en lugar de dar el alta del tratamiento, simplemente se reorienta hacia nuevos objetivos que no pudieron ser específicamente abordados antes como puede ser el cálculo mental, la escritura o bien la estimulación de recursos cognitivos que inicialmente presentaba descendidos.

Todas estas modificaciones o decisiones deberían darse sobre la base de una nueva evaluación objetiva o lo que también llamamos evaluar para ver la evolución, y que debe reportarse en forma escrita.

En el ámbito escolar, a pesar de que un alumno haya sido dado de alta, continuará necesitando las adaptaciones metodológicas porque nunca logrará leer y comprender al ritmo de los demás, como tampoco mejorar la ortografía según lo esperado, y siempre rendirá mejor en forma oral. Entonces, se puede solicitar desde la institución que el alumno haga monitoreos anuales para controlar que las acomodaciones continúan siendo adecuadas, así como también para controlar que las estrategias con las que cuenta le son suficientes para cada período escolar que enfrenta.

Compensar la dislexia

Como se delineó antes, compensar la dislexia significa que la condición de dificultad ya no genera una alteración en la calidad de vida o del estudio, y que la persona cuenta con recursos suficientes para enfrentar las situaciones de lectura, escolares o académicas, con relativa autonomía. Es probable que necesite de la asistencia de algún profesor particular para algunas materias.

Respecto de la fluidez lectora, se puede hablar de algunos parámetros que dan la idea de compensación objetiva, más allá de lo que refleje la discrepancia con el grado escolar al que asiste el alumno. Por ejemplo, se considera que con una fluidez lectora de setenta palabras por minuto, un alumno de hasta quinto grado puede lidiar con la complejidad de la exigencia académica, dado que cuenta con cierta activación de la vía léxica. Solamente necesitará invertir mayor tiempo en el estudio, pero puede hacerlo con bastante autonomía. Este nivel de fluidez también le permite empezar a ver películas subtituladas en el cine, lo cual se promueve, ya que ayuda al desarrollo continuo del reconocimiento visual de palabras.

Ahora bien, a partir de sexto o séptimo grado, ya necesitan contar con ochenta o noventa palabras por minuto para poder cursar en forma autónoma, y para el período secundario, cien palabras por minuto. Una persona con dislexia generalmente logra este tope y es indicador de respuesta exitosa al tratamiento. Otras, luego de haber alcanzado las setenta palabras por minuto, necesitan una nueva intervención, breve, pero intervención al fin, para alcanzar las cien palabras por minuto.

Para enfrentar el nivel universitario se necesitan mínimamente ciento veinte palabras por minuto en lectura de textos. No es frecuente que alguien con dislexia logre una velocidad mayor si simultáneamente desea comprender lo leído. Se considera que ha compensado en forma exitosa pero no por ello la lectura dejará de ser un problema. En relación con sus pares en edad cronológica siempre mostrará menor velocidad lectora.

Un estudiante universitario sin dislexia logra ciento cincuenta palabras por minuto en textos que requieren comprensión, y a veces una relación mayor cuando quiere escanear lo fundamental que se brinda en un texto. Esta velocidad no es alcanzada por personas con dislexia incluso habiendo recibido tratamiento. Por esto, la adaptación metodológica de darles mayor tiempo para tareas de lectura a las personas con dislexia seguirá siendo siempre necesaria. Y no solo eso sino también el contar con estrategias de estudio y procesamiento de la información acordes con su particular perfil cognitivo y de aprendizaje.

La dislexia en vacaciones

Es frecuente que los padres se pregunten qué deben hacer durante las vacaciones, mientras sus hijos con dislexia no tienen acceso al tratamiento. Es una pregunta que indica compromiso y noción de que las habilidades pueden perderse si no se las incentiva cuando un niño se encuentra en medio de un tratamiento. De hecho en muchos casos, los pacientes realizan una regresión en el período vacacional o bien se presenta una meseta, es decir, no avanzan por sí mismos o incluso rinden por debajo de cómo habían terminado el año. Por este motivo es necesario continuar de algún modo con la práctica que, en esta instancia de receso, por ejemplo, puede tener la forma de una lectura placentera. No obstante, no hay que perder de vista para qué son las vacaciones y qué provecho se puede sacar de ellas.

Las vacaciones son un período para descansar de la actividad de todo el año, para hacer cosas diferentes que no son menos importantes que el resto. En las vacaciones se aprenden otras cosas, se desarrollan otras habilidades que muchas veces no hay tiempo u oportunidad de poner en juego. Si bien es importante que se incentive a la lectura placentera durante el tiempo de verano, que puede ser hasta de tres meses, también lo es favorecer la actividad al aire libre, el deporte, los baños en el mar, en la pileta, jugar con arena, andar a caballo, trepar juegos o árboles…, todas actividades que ponen en práctica el desarrollo de nociones de estimación, espacio, equilibrio, planificación y desarrollo muscular, que –no hace falta decirlo– también son centrales.

Se trata de un momento, una oportunidad, para aprender a utilizar el tiempo libre, gran tarea que muchas veces se desatiende y que es fundamento de la creatividad y del trabajo, y también de la estabilidad anímica. El dominio del tiempo libre está asociado al hecho de poder salir del aburrimiento, sin dudas una destreza que se aprende. Los padres tienen la función de enseñar a sus hijos las herramientas para superar el tan temido aburrimiento y sacar provecho de él. La abrumante tecnología de hoy en día ha sacado este precioso tesoro de las manos de millones de niños-jóvenes-adultos: el tiempo libre. Todo se ocupa con una *tablet*, una película de Netflix, un *smartphone* o un jueguito de la Play. Las vacaciones deben ser ese momento para salir de sí mismo, para conectarse con la naturaleza, con los demás y con otras experiencias y destrezas que quizás ni nosotros sabíamos que teníamos.

Es interesante, por ejemplo, crear o armar cosas con diversos materiales: una maqueta con material reciclable, un robot o nave espacial con latitas de gaseosa o con botellas de plástico, coser ropa para muñecas, tejer, dibujar, pintar, hacer *collages*, cocinar, probar distintas recetas o armar un rompecabezas. Para los más tecnológicos también se puede fomentar el uso de la tecnología pero con fines sociales: armar un video con fotos de la familia para compartir en grupo, bailar una coreografía o cantar con karaoke, sacar fotos de momentos únicos en la naturaleza. Explorar o realizar actividades al aire libre: subir una montaña, recolectar maderas, piñas para armar un escondite, trepar un árbol, conocer lugares donde estuvieron otras culturas e investigar y dialogar sobre ellas. También se pueden realizar actividades de la casa que no se hacen diariamente pero que enseñan mucho, como ayudar a limpiar algún lugar en particular, lavar el auto, limpiar juguetes, armar o desarmar una valija, etc. A los chicos les encanta colaborar en la limpieza y esa ayuda enseña mucho sobre habilidades como planificar, realizar una tarea con responsabilidad y autonomía, revisar lo hecho y darle un fin. Es muy didáctico embarcarse en tareas donde participen varios miembros de la familia. Si bien es frecuente que las tareas deban ser terminadas por los padres, el hecho de colaborar ya es un buen comienzo. Incentivar a los niños a ayudar y asignarles tareas favorece el sentimiento de eficacia que incide en la autoestima.

Las vacaciones también son un momento para aprender juegos tranquilos y reglados, lo que permite activar destrezas como la capacidad de esperar el turno, tolerar la frustración, alegrarse por la suerte del otro, empezar y terminar el juego.

Así es que, mientras se practica o entrena en destrezas lectoras con lo que llamamos lectura placentera, con el solo hecho de brindarse a las alternativas de unas vacaciones en la naturaleza, se puede también repercutir favorablemente en el tratamiento del niño aunque parezca que se lo está interrumpiendo. Como vimos, en lugar de eso, el niño toma distancia, descansa y establece vínculos, se ejercita, se airea y se motiva con nuevas habilidades que podrá ser capaz de descubrir.

El colegio

Estaba muy desorientada, y pensaba que mis amigas iban mucho más adelantadas que yo. Como mis maestras no sabían qué me pasaba, seguían adelante con las actividades y yo era la única que se quedaba atrás sin comprender algunas cosas. Sentía que mis amigas progresaban mucho más que yo.

GUADALUPE, DIAGNOSTICADA CON DISLEXIA EN EL SEGUNDO SEMESTRE DE SU PRIMER GRADO. HOY CURSA SEXTO GRADO EN EL MISMO COLEGIO. TIENE UN PERFIL DE TALENTO COGNITIVO EN EL ÁREA VISOPERCEPTIVA, ES EXCELENTE DIBUJANDO, CANTANDO Y ACTUANDO

De quién es la responsabilidad

Muchos padres acuden a la consulta molestos con el colegio porque la institución no fue capaz de detectar a tiempo la dificultad lectora de sus hijos. Cuando llegan con esta molestia, trato de hacerles ver que en parte tienen razón y en parte no.

Tienen razón porque un colegio debería tener una mirada preventiva, de detección de dificultades, más aún teniendo información tan valiosa como lo es el contar con la media poblacional para cada grado, es decir, lo que se espera de una población en determinada etapa escolar. Teniendo en cuenta esto, es cierto que el colegio debiera darse cuenta a tiempo, detectar a los alumnos en riesgo y sugerir a los padres que realicen una consulta. Pero la realidad es que muchos colegios y docentes no disponen de formación suficiente para advertir que lo que le está ocurriendo al alumno tiene que ver con una dificultad específica, y suelen esperar el fin del ciclo escolar para comunicarlo, porque creen, en forma amorosa en el pleno sentido de la palabra (con amor docente), que lo mejor es darle más tiempo al alumno para que logre las habilidades básicas de leer y escribir. Desconocen en realidad la posibilidad de detección precoz y la importancia de que los tratamientos se inicien lo antes posible para lograr una compensación más exitosa.

Entonces, gran parte de la falta de advertencia radica en la falta de formación sobre las DEA y en el caso particular que nos compete, sobre la dislexia. En países donde existe una ley aprobada sobre las DEA, los colegios tienen la obligación de formar a sus docentes en ella, pero en aquellos donde no se estableció como ley, queda a criterio de cada institución y se ajustan en su lugar a lo que solicita el diseño curricular. En la Argentina, por ejemplo, el diseño curricular sugería cerrar el ciclo del aprendizaje de la lectura y escritura al final de tercer grado, lo cual hacía que las dificultades se detecten en forma tardía. En noviembre de 2016, no obstante, se aprobó la ley de las DEA que exige a los colegios capacitar a los docentes para detectar e intervenir en clase, así como para sugerir un diagnóstico externo en forma temprana, sin la necesidad de esperar la finalización del primer ciclo escolar o tercer grado.

Los padres tienen razón en suponer que se cumpla el rol de detección de la institución si es que están formados para eso, pero no pueden esperar que sea el colegio quien realice un diagnóstico, aspecto que le compete a un profesional especialista en el tema.

Otra cosa que sí deben esperar los padres es que el colegio los acompañe con las adaptaciones metodológicas necesarias para que el alumno pueda lograr aprender y demostrar lo que aprende sin verse limitado por la dificultad en la lectoescritura. También pueden esperar que el colegio se comunique y trabaje en forma conjunta con el profesional a cargo, y que logre descubrir y valorar áreas de fortaleza de ese alumno en particular.

En la medida en que se vaya generando conciencia social sobre las DEA, se podrá decir que los padres tendrán la expectativa de que las dificultades se detecten en forma tan temprana como preescolar o primer grado.

El rol de los padres

El rol de los padres no consiste en quejarse todo el tiempo por cómo desatienden las necesidades especiales de su hijo, o por qué no se aplican las adaptaciones necesarias, aunque esto termina ocurriendo muchas veces por la desinformación que tienen docentes e instituciones.

El rol de los padres es, en primer lugar, formarse en la problemática, con asistencia del profesional a cargo. Saber lo que ocurre, cómo se puede compensar, qué necesita su hijo para salir adelante, y cuáles son los beneficios de tener dislexia.

Todo esto es fundamental para que se pueda instrumentar el tratamiento y para que el alumno acepte la dificultad como una condición y no como una mal llamada enfermedad. De la percepción que tengan los padres de la dislexia derivará la percepción del propio alumno sobre su condición de ser alguien que aprende con dislexia.

Luego, es rol de los padres informar a los docentes sobre las diversas consultas realizadas, y poner en contacto al profesional con la institución. No sirve de nada estar escondiendo la dificultad para que el colegio no rotule al alumno. Lo único que se consigue con eso es que no se lo aprecie en toda su capacidad, porque el desconocimiento de la condición de contar con una DEA hace que se lo evalúe como si no la tuviera, lo cual impacta directamente sobre su rendimiento final y sobre su autoestima.

En teoría debería fluir la comunicación entre miembros de la institución, profesionales y padres, para que todos hagan su aporte y ninguno tenga que soportar el teléfono descompuesto que se genera en muchas oportunidades.

Los padres no deben manejar la comunicación, ese no es su rol. Los profesionales o miembros a cargo de la institución deben estar en contacto permanente con el profesional, y en todo caso quien maneje la comunicación será el profesional que sigue al alumno año tras año, pero siempre con conocimiento de los padres.

Los padres deberían estar presentes en las reuniones que se realicen en el colegio. No hay nada que no se pueda decir frente a ellos que son los responsables primeros y finales de la educación de su hijo.

Por último, es tarea de los padres llevar al niño al tratamiento, asistir a las reuniones del colegio y ocuparse principalmente del entorno de la casa, de lo que allí ocurre en la jornada posescolar. De lo que sucede en el colegio debe ocuparse la institución con el apoyo del profesional si surgen problemas respecto del aprendizaje (con conocimiento de los padres).

¿Qué hacer en casa?

Muchas veces, los padres me preguntan cómo hacer para generar espacios de motivación y ayuda en sus casas. En primer lugar, sugiero promover que sus hijos revisen los cuadernos todos los días, y que –según el caso– completen o hagan tareas.

Todo esto debería darse en un momento en particular, en el que se anime al hijo a que se siente en el escritorio o mesa de estudio y realice sus deberes. La idea es que puedan monitorearlo pero sin sentarse junto a él para resolverle las consignas. El hijo debe realizar las tareas, si son complejas y necesita explicación, entonces habrá que replantearlas, porque comenzar a explicar contenidos sería prolongar la jornada escolar y ni los padres estudiaron para ser maestros, ni los hijos tienen la capacidad para hacer triple jornada escolar además de asistir al tratamiento.

La tarea debe ser una actividad que no dure más de quince o veinte minutos y que pueda ser realizada por el alumno con autonomía. Si la tarea es compleja, debe volver al colegio para que el docente la explique o bien para que se reformule la tarea al nivel del niño. Si sucede que el alumno no puede con los contenidos del grado, habría que plantear esto en el colegio, ver si se pueden ajustar los contenidos o ejercitarlos de otra manera para que los pueda incorporar, consultar con el profesional en psicopedagogía y, en algunos casos, contar con la asistencia de un maestro particular. Esto último solo en los casos donde el tratamiento se haya iniciado en forma tardía y el niño se atrase mucho con la currícula, hasta tanto gane autonomía en la lectura y escritura.

Por otro lado, es importantísimo que los padres colaboren desde la casa compartiendo momentos de lectura con sus hijos, aplicando las estrategias que se promueven en el tratamiento. Se sabe que una intervención es más efectiva cuando el paciente lee en voz alta en su casa diez minutos diarios. Es importante que los padres se interioricen sobre las estrategias que ayudan a leer mejor y en forma más fluida, que se pongan como modelo de aplicación y que muestren gusto por la lectura. Todas estas prácticas promoverán que el hijo quiera leer más seguido. Es irrefutable como evidencia para un hijo el palpar que su padre tiene gusto por la lectura y que encuentra siempre un momento para leer en forma placentera (al menos los fines de semana).

El rol de la institución

El rol de la institución es, en primer lugar, brindar capacitación a todo el plantel docente, no solo a las maestras de jardín y primaria, sino también a los maestros especiales y a todos los profesores del secundario. Capacitación no solo en las DEA, sino en enseñanza innovadora, enseñanza en un aula 360, en métodos de evaluación que excedan la evaluación escrita, en tecnología, etc.

En segundo lugar, además de capacitar a los docentes en las DEA para su posible detección en el aula, debe contar con un sistema de detección de posibles dificultades de aprendizaje (no es el rol de la institución diagnosticar), para lo cual se puede implementar en forma sistemática un *screening* en etapas clave como las descriptas en el capítulo 2.

En tercer lugar, es importante que se muestre como decisión institucional acompañar a los alumnos con alguna dificultad (hasta tanto se obtenga el diagnóstico) y con aquellos ya diagnosticados con una DEA. Cuando se cuenta con una ley nacional de acompañamiento puede ser más sencillo, pero si esto no es así, depende pura y exclusivamente de la decisión de los directivos. Las adaptaciones que necesitan los alumnos con DEA no pueden depender de la mejor o peor voluntad de los docentes, es responsabilidad de los directivos comunicarle a todo el plantel docente cómo deben abordarse tanto cuando se sospecha la presencia de una DEA como cuando se confirma luego de un diagnóstico externo con un profesional. Hasta tanto esto no se haga una práctica habitual, será necesaria la capacitación.

En cuarto lugar, la institución debería comprender y transmitir a sus docentes que las acomodaciones metodológicas no son una ventaja que se les da a ciertos alumnos, sino que es la manera de ubicarlos en igualdad de condiciones frente a los demás.

Por otro lado, es función de la institución contar con recursos tecnológicos y de enseñanza innovadora a disposición de los docentes. Muchos de ellos se encuentran limitados en su función de enseñar por falta de recursos dinámicos, tecnológicos y de espacio. La institución debe proveer el espacio para que el docente despliegue su arte de enseñar. Esto beneficia a todos los alumnos, pero principalmente a los que tienen menor posibilidad de aprender por la simple vía de lectura o de enseñanza expositiva del docente. Hoy en día se necesitan nuevos recursos como pizarras de marcador, pizarras inteligentes, proyector, bancos reubicables en cuanto a la disposición en el aula, aulas flexibles o las llamadas 360 grados. Todo esto no se puede dar si la institución no lo provee.

Por último, es importante que la institución disponga de un profesional especializado que pueda dialogar e intercambiar miradas con los profesionales que asisten al alumno con DEA, como también mostrar a los padres la importancia de contar con un informe objetivo y completo, y realizar monitoreos anuales tanto para observar la evolución en los alumnos en tratamiento como para acompañar los casos de los que han sido dados de alta. Todo esto ayudará a prevenir en lugar de encontrarse con conflictos. El profesional especializado en DEA también podrá ayudar a los docentes a llevar adelante las adaptaciones necesarias para cada alumno particular.

El rol del docente

El docente cumple un rol fundamental en la vida de un alumno con DEA porque es quien está en el día a día, quien le propone situaciones de aprendizaje donde constantemente se pone en juego su habilidad y su dificultad, quien puede generar que la situación de enseñanza-aprendizaje le genere más o menos pasión, más o menos placer, más o menos impacto en su auto-estima.

En primer lugar, la función del docente es enseñar a leer y escribir. La lectura y la escritura son habilidades que se adquieren por modelado, dado que lo que se debe incorporar y aprender es un código arbitrario. Es decir, es necesario enseñar las letras, cómo son sus sonidos, qué es lo que se debe hacer para leer (juntar sonidos) y para escribir (deletrear sonidos y representarlos con las letras correspondientes). A la humanidad le llevó mucho tiempo incorporar la lectura y la escritura, no hay ningún disparador genético que nos diga cómo hacer para leer y escribir. Se necesita la mediación de un docente que informe cómo es el proceso. Esta es su tarea fundamental. Luego, si se observa que algún alumno tiene dificultad, entonces su rol será estar informado sobre esa característica para saber cómo acompañar a ese alumno en particular.

El docente tiene la responsabilidad de estar al tanto de cuáles son los recursos que posibilitan a su alumno un mejor aprendizaje. Un conocimiento acabado de las DEA le dará herramientas para implementar dentro del aula, más allá de si el profesional las indica o no. Esto es más sencillo cuando el alumno cuenta con un diagnóstico que le permite al docente saber qué recursos implementar. Pero si solamente tiene la sospecha de que presenta una dificultad y aún no cuenta con el diagnóstico, es su función aplicar algunos de los recursos que conoce para saber si benefician a ese alumno en particular. Es decir, no debe esperar el diagnóstico para empezar a actuar, sino que ante la realidad de que su alumno presenta dificultades, debe intentar otras estrategias distintas a las ya implementadas, para ver si así logra aprender. Esto mismo debe implementarse en el armado de evaluaciones. Si un alumno entrega sin terminar una evaluación, o es evidente que no comprendió la consigna, entonces es responsabilidad del docente buscar otras vías para conocer el nivel de comprensión y de aprendizaje que logró el alumno. No se consigue nada con poner una mala nota en un examen o con escribir "debes esforzarte más" o "debes estudiar más". Que un alumno no aprenda o no pueda demostrar lo que sabe es el resultado de una ecuación que implica a la díada docente-alumno. Un alumno puede no saber o no aprender no solo porque le faltó estudio, sino también porque le faltó una situación significativa para lograr ese aprendizaje, o porque la evaluación se realizó de manera tal que no pudo demostrar lo aprendido. Los alumnos con DEA estudian incluso más que cualquier otro sin dificultad. Estudian con maestros, padres y psicopedagogos, y así y todo, muchas veces no alcanzan más que un 5 o 6 en las evaluaciones.

Por otro lado, es común escuchar que los docentes reclaman no tener tiempo para hacer adecuaciones a los alumnos con DEA. Pero un verdadero docente enseña a todos y para todos, debe contar con distintas estrategias para la diversidad de alumnos que se presenta en el aula. Si un docente tiene verdadera vocación y su enseñanza apunta a la formación de pensadores y aprendices autónomos, diseñará sus clases de manera tal de llegar a cada uno y no será necesario hacer nada especial para los alumnos con DEA. La educación hoy en día no debería apuntar a transmitir contenidos, y los docentes no deberían estar atrás de la currícula (que además se repite a lo largo de todos los años), sino que deberían poder generar gusto por la materia y dar herramientas para pensarla. Los múltiples recursos que plantea la tecnología asisten a la enseñanza multisensorial que es justamente la adecuada para alumnos con DEA. Un docente debe plantear distintos niveles de logro en la misma clase, para que se ajuste el desafío a los alumnos con diferentes capacidades o habilidades. Algunos lograrán mayor dominio que otros. No se debe esperar el mismo nivel en todos. Para esto el docente debe tener en claro qué es lo mínimo exigido, cuál es la media ideal y qué refleja dominio sobresaliente del tema. Igualmente, para los alumnos con DEA llegar a la media ideal muchas veces es su sobresaliente. Entonces, el sistema de evaluación debiera contemplar también las capacidades y lo que puede cada alumno. Poner un sobresaliente a un alumno que logró lo máximo de sí mismo es un acto de justicia, aunque sea poco en relación a lo que pueda lograr otro alumno.

Otro rol importante para el docente es el de mantener contacto con el profesional a cargo del niño, sea psicopedagogo u otro especialista. Los aportes que puede realizar sobre lo que acontece diariamente en el ámbito escolar son muy valiosos. De esas interacciones surgirán nuevas ideas de intervención, se valorará la necesidad de ajuste en algunas adaptaciones o contenidos, y lo que es más importante, se podrá saber cómo funciona el alumno en grupo, cómo impacta su problemática o no en los vínculos sociales, aspectos no menos relevantes para procurar que tenga una buena calidad de vida escolar.

Enseñar a alumnos con dislexia

Los alumnos con dislexia necesitan de la enseñanza explícita de contenidos y de estrategias. No necesitan de un programa de integración escolar ni de adaptación de la currícula, sino de enseñanza explícita y acomodaciones metodológicas más recursos de acceso.

Si se les brinda un modelo de lo que se espera de ellos serán más exitosos en su aprendizaje. Esto es cierto también para los otros alumnos, pero es altamente necesario en los que tienen DEA. Existen muchos modelos de enseñanza que apuntan a que sean los alumnos quienes deduzcan las estrategias o contenidos, pero esta modalidad no ayuda a los alumnos con DEA dado que tienen que estar pendientes de procesos y destrezas que otros alumnos ya dominan. Como vimos, se fatigan con mayor rapidez y en muchas ocasiones les queda poca energía para deducir, por lo que se pierden en el proceso que realizan los demás. Es importante que se los guíe, se les brinde un modelo, luego de lo cual serán capaces de aprender y rendir al mismo nivel que los demás.

Suele ocurrir que los docentes apoyan su enseñanza a través del proceso de lectoescritura, es decir, les solicitan que copien y resuelvan, que lean y deduzcan. Sin embargo, para quienes tienen una dificultad específica en lectura y escritura, esto resulta sumamente inconveniente, dado que invierten toda su energía en la copia o lectura, y para cuando liberan recursos cognitivos para comprender, los demás ya han terminado y a ellos no les queda energía ni tiempo suficiente. Lo que termina sucediendo es que deben aprender en su casa con la asistencia de un maestro particular. Esto puede solucionarse fácilmente si el docente toma en cuenta la situación y apoya la enseñanza de nuevos contenidos en la oralidad o sustituye la copia por fotocopias y brinda un modelo de lo que enseña en conjunto con las estrategias necesarias para incorporarlo.

La enseñanza basada en estrategias de aprendizaje y en la metacognición asegura un aprendizaje duradero. Un alumno que es consciente de cómo aprende, de qué necesita para incorporar un determinado contenido o resolver un problema, que razona y asocia ideas es más autónomo para seguir aprendiendo que aquel que memoriza contenidos.

Hoy en día la incorporación de datos no es el objetivo de la enseñanza, porque la información está disponible en diversos formatos y al alcance de todos en Internet. Enseñar hoy es dar herramientas para procesar la información a la que todos tienen acceso y no dar información para que la incorporen de memoria. Un alumno con dislexia se ve altamente beneficiado por este gran cambio cultural, dado que se puede acceder a los conocimientos de diversas maneras y no solo a través de los libros. Por ello es importante que los docentes aprovechen este recurso y focalicen la enseñanza en cómo acceder, cómo interpretar la información más que en cómo retenerla. Este cambio sociocultural se está dando para todos, no solo para alumnos con DEA, pero es el camino para que los que tienen dislexia aprendan en forma eficaz.

El docente tiene la responsabilidad y el don de hacer que el alumno aprenda, y eso depende de las propuestas que le brinde. Es entonces importantísimo que conozca cómo aprende cada alumno, dado que no todos tienen el mismo estilo de aprendizaje. Habrá unos que aprendan mejor por vía oral, otros que se sentirán mejor con apoyatura visual, otros aprenderán mejor al hacer o representar, otros mejor con material audiovisual. Un alumno con dislexia, al igual que muchos otros alumnos, aprende mejor con cualquier propuesta de aprendizaje que no implique leer y escribir como medio prioritario de ingreso de información o de la situación problema. Una enseñanza basada en los diversos estilos de aprendizaje y que acepte el cambio o la salida de la escuela enciclopedista hacia una escuela basada en formar pensadores es garantía de éxito para la diversidad de alumnos, también para los que tienen DEA.

Actualmente, existe una variedad de maneras de introducir contenido y generar dominio de habilidades, con lo cual enseñar es un desafío apasionante. No se limita a la lectura del contenido de un libro ni a la copia de ejercicios. Un buen maestro sabrá presentar un abanico de recursos para que sus alumnos aprendan al interactuar, razonar y poner en acción su curiosidad intelectual. Generar la curiosidad que no es más que la motivación para aprender y está en las manos del docente. Cualquier contenido o material que se plantee en forma motivante será incorporado mucho más ágilmente que otro que se presente en una forma expositiva en la que el alumno tenga un rol pasivo.

El docente debe promover entonces que los alumnos estén activos, que participen, activen conocimientos previos, relacionen lo presentado con su realidad. Para hacerlo puede servirse de los múltiples recursos tecnológicos disponibles y también hacer un llamado a su creatividad, aspecto intrínseco en todo docente. Un docente es un artista que busca transmitir el amor por el conocimiento, el desafío del razonamiento y el placer de la obra lograda. Motivación-desafío-aprendizaje.

Un docente debe ante todo enseñar, pero no en el sentido de exponer, sino de proponer y acompañar a sus alumnos en el descubrimiento y apropiación del saber en el área que sea. Ya no se habla de alcanzar el conocimiento en el sentido de guardar saberes o información, dado que la información está disponible y al alcance de todos con una simple consulta en Internet, se trata de formar pensadores, alumnos que razonen y sepan cómo interpretar y usar esa información. La enseñanza se dirige más a fortalecer procesos de pensamiento, de análisis crítico, y a la posibilidad de comparar y sacar conclusiones. Para esto, es fundamental que el docente brinde estrategias que les permitan a los alumnos razonar y alcanzar la destreza. Esto es particularmente importante en alumnos con problemas de aprendizaje, pero es positivo para todos.

Un alumno con DEA muchas veces no tiene todos los recursos disponibles porque procesa más lento, se fatiga más rápidamente que los demás y tiene los recursos cognitivos ocupados en tareas que para los otros alumnos son automáticas, como leer, escribir, hacer cálculos o recordar nombres. Es necesario entonces implementar adaptaciones metodológicas y de acceso, además de explicitar las estrategias que necesita para cada actividad y que le permitirán trabajar con mayor autonomía.

Pongamos un ejemplo: se les plantea a los alumnos una situación problemática en matemáticas, con variables múltiples, algunas distractoras, en las que deben realizar diversos cálculos para llegar a los resultados y responder a diversas preguntas sobre un mismo problema. El docente debe primero dar las estrategias para poder abordar la situación problemática. Puede explicitar entonces que se van a encontrar con variables importantes y otras irrelevantes, para lo cual deben, primero, seleccionar los datos (marcar datos numéricos con círculos o subrayar con color palabras importantes), dibujar la lógica del problema según cómo está relatado, para luego atender a las preguntas una por una. Es importante que los alumnos puedan explicar por qué marcaron esos datos, cómo los fueron anotando de maneras diversas. Ya estos dos pasos son fuente de aprendizaje, aunque aún no se haya llegado a la solución del problema. Luego leen la primera pregunta e intentan deducir qué cálculo podrán utilizar para resolverla. Se les da la oportunidad de hacer el cálculo con la calculadora, lo que se conoce como una ayuda de acceso —es decir, recursos que fortalecen áreas de dificultad como también puede ser un lector de texto o agrandar la letra—, porque en una situación problemática se busca promover el razonamiento y no la precisión en el cálculo que podrá trabajarse por separado; pero se les pide que justifiquen por qué pensaron así. Después de responder en forma completa a la primera pregunta, pueden seguir con la siguiente. Finalmente deben explicar cómo llegaron a esa respuesta. El alumno podrá referirse al proceso de trabajo por pasos y de esta forma estará explicitando un procedimiento que habrá apropiado para otras situaciones.

Todo este trabajo explícito debe realizarse. Si no, terminarán haciéndolo los maestros particulares en casa, con el consecuente hastío que causa la materia para el alumno, y más para uno con DEA que no tiene liberados tantos recursos como para además pensar estrategias. Si se trabajan las estrategias en forma explícita con unos pocos problemas, entonces el alumno dispondrá de un esquema para enfrentar nuevos problemas, y lo podrá hacer en forma autónoma. El docente tiene la responsabilidad y la tarea de realizar este proceso de organización y selección de estrategias en la situación de clase.

Lo mismo ocurre con un tema tan común como la clasificación de palabras. A los alumnos con DEA (y a otros también), les cuesta mucho recordar qué palabras son adjetivos, cuáles sustantivos y cuáles verbos. Si el docente explicita una estrategia simple que es: los adjetivos dicen *cómo* es algo, los sustantivo *qué* es y los verbos *qué* hace y ponen un ejemplo de referencia para cada caso; entonces, los alumnos podrán identificar los tipos de palabras fácilmente. Más si pueden pasar a representarlos con el cuerpo o pegar imágenes en un cuadro en el pizarrón, y luego de hacerlo, llegar a la metacognición de lo aprendido.

Para esto último sirve preguntarles: "¿Cómo te diste cuenta que era así?". Entonces el alumno explicará en referencia a la estrategia inicial, que ahora es propiedad de él, y dirá: "Me di cuenta de que era un verbo porque dice que alguien está haciendo algo" o "Me di cuenta de que era un adjetivo porque me dice cómo es o cómo se siente".

Se habrá logrado el objetivo de enseñanza-aprendizaje por una ecuación simple:

1) Modelar la estrategia (mostrar el cómo).

2) Práctica en acción (acompañar/guiar la aplicación del cómo).

3) Autonomía en el aprendizaje (evaluar/monitorear la apropiación de la habilidad sin guía).

A esto se denomina *adaptación en la metodología de enseñanza* o *ayudas de acceso* que benefician a todos. Las ayudas de acceso se refieren a recursos que fortalecen sus áreas de dificultad como la calculadora, un lector de texto, agrandar la letra, etc. Al Estado no le importa cómo aprenden ni las adaptaciones que se necesiten hacer, lo que interesa es que los alumnos al final aprendan, dominen la habilidad, y alcancen el objetivo que se propuso para ellos.

El sentido de la justicia: niños con dislexia *versus* niños típicos

Muchos docentes plantean que no es justo realizar adaptaciones metodológicas para los niños con DEA porque luego los demás se quejarán. Dirán que están haciendo trampa, que no es justo, y esta presión llevará incluso a que los mismos chicos con DEA digan que no quieren ser diferentes o que se haga diferencias con ellos.

Todo depende de cómo se lo plantee y, en este caso, según el concepto de adaptación que tenga el docente y de cómo lo implemente, será el nivel de aceptación o no por parte de los alumnos.

Un alumno con DEA tiene desde el nacimiento y para toda la vida una condición neurobiológica que lo pone en inferioridad de condiciones respecto de sus pares en tareas que para otros son automáticas como leer, escribir, memorizar palabras y calcular. Recibir adaptaciones en estas áreas es darles la oportunidad para nivelarlos respecto de los demás, y que puedan dedicar sus recursos cognitivos a razonar, participar, asociar e intervenir a tiempo como lo hacen sus compañeros sin dificultades específicas. No es raro que un alumno con DEA llegue tarde a lo que sucede en la clase porque se atrasó en la copia, en la lectura o en la escritura.

Las adaptaciones en la metodología son el andamio, el soporte para que puedan desplegar toda su capacidad y aprender al mismo nivel que los demás alumnos. Una vez que el docente comprende la función de las adaptaciones, las aplicará con naturalidad con todo chico que presente dificultades más allá de que esté rotulado o no con una DEA y les transmitirá a sus alumnos el mensaje de que cada uno necesita algo diferente y que él como docente se lo sabrá dar a quien lo necesite.

Puede ocurrir que un alumno que no presenta DEA tenga la necesidad en algún momento de que le tomen examen oral o que lo apoyen con su segunda lengua, entonces sabrá que el docente aplicará un recurso diferente con él porque lo necesita en ese momento en particular. Los chicos son los que primero entienden las diferencias y, de acuerdo a cómo el docente los trabaje en el día a día, las sabrán aceptar mejor o peor, tanto el alumno con DEA como el par sin dificultades. Si se busca la igualdad, los alumnos pedirán igualdad; si se busca la solidaridad, los alumnos serán solidarios; si se busca el respeto a la singularidad, los alumnos respetarán las diferencias entre ellos.

Para ejemplificar esto existe una ilustración muy conocida en la que se ven en fila a distintos animales frente a un profesor que les propone una tarea de evaluación igual para todos. Podemos ver entonces un pez en una pecera, un mono, un elefante, un pájaro… Ante todos estos animales hay un hombre que les dice: "Para ser justos todos van a hacer la misma prueba", y señalando un árbol les dice: "Todos deberán trepar ese árbol". Las preguntas que surgen de este dibujo son muchas y nos ponen en sintonía para trabajar la idea de justicia, de igualdad, de diferencia y de inclusión. Los invito a probarlo y discutir con los alumnos qué posibilidades tendrá cada animal de aprobar o de seguir la consigna dada.

INTEGRACIÓN, INCLUSIÓN Y ADAPTACIÓN

Los términos *integrar, incluir, adaptar* carecen de suficiente claridad o diferenciación en la escuela actual, pero tienen variedad de significados y aplicaciones. En el caso de las DEA pueden interpretarse de manera muy diferenciada.

Integración. Es la inserción de un niño con necesidades especiales pero que no puede seguir la currícula común en forma autónoma, pero se lo integra en la clase general con la asistencia de una maestra integradora, con una discrepancia no mayor a dos años en objetivos curriculares.

Inclusión. Es un concepto más abstracto que sustenta el proyecto de integración y se refiere a darles la posibilidad a chicos con diferencias significativas y con currícula diferente de asistir a una escuela con sus pares en edad cronológica para que puedan desplegar su sociabilidad mientras realizan aprendizajes individuales.

En ambos casos, se habla de hacer parte al alumno de un proyecto común a todos pero diferente para él, mostrando que a pesar de las diferencias se puede incluir en algunas actividades en el mismo proyecto que los demás. En todos los casos se trata de alumnos con certificado de discapacidad y currícula significativamente adaptada en los contenidos. En estos programas no entran los alumnos con DEA, ya que las dificultades de aprendizaje solo afectan el modo de entrada y salida de información (adaptación de acceso), pero no la capacidad intelectual o de razonamiento.

Adaptación. Se refiere a la modificación en la metodología de enseñanza, de evaluación y de soportes de acceso a la información, sin alterar la currícula del grado que se cursa. Suponen cambios simples que son los que generalmente se aplican a los alumnos con DEA.

Qué adaptar

Enseñanza

Se debe cambiar el modo de enseñar para todos, y focalizar en el modelado y la transmisión de estrategias para cada actividad, así como la promoción de la metacognición o conciencia sobre cómo se procesa la información y cómo se logran los aprendizajes.

- Modelar lo que se espera de la actividad y explicitar estrategias.

- Mayor actividad y participación del alumno.

- Evitar exponerlo a situaciones de lectura.

- Mayor exposición a modos de enseñanza basados en material audiovisual.

- Utilizar la tecnología en clase para la búsqueda de información, proyección de videos, y favorecer luego la discusión oral.

- Realizar actividades en grupo, exposiciones orales luego de un trabajo de búsqueda de información.

Material escrito

Los alumnos con dificultades lectoras siempre tardarán más en leer que los demás y tendrán mayor o menor dificultad lectora según sea el texto y tipo de material escrito que se les proponga. Como lineamiento general, es importante que los docentes conozcan dos ítems fundamentales:

1. Para la lectura comprensiva necesitan más tiempo, por ello la anticipación del texto ayuda a que en la situación de clase o evaluación puedan enfocar su energía en la comprensión y el razonamiento. También la posibilidad de consultar palabras en un diccionario digital colabora con la comprensión, ya que son alumnos que no amplían su vocabulario al ritmo de los demás por menor exposición a la lectura.

2. La disposición del texto y tipografía pueden hacer una gran diferencia. La tipografía es fundamental para que se activen zonas del cerebro vinculadas a la lectura fluida y no a la lectura fonológica que es más trabajosa y no promueve rápida comprensión. Entonces, el tamaño de la letra y su forma son fundamentales. Es un mito que la mayúscula es más clara que la minúscula. El cerebro activa mejor el reconocimiento de palabras que tienen forma, y en la tipografía mayúscula todas las letras tienen formato parecido. En cambio, en la minúscula o cursiva existen letras altas y bajas y palabras chatas lo que favorece la lectura fluida, y más aún la imprenta minúscula que carece de diferenciación de grafismos subjetivos (en la cursiva hay mucha variabilidad en el trazado). El tamaño también es fundamental. Frente a tamaños muy pequeños el cerebro activa recursos de decodificación de palabras difíciles al igual que cuando el interlineado no es espaciado, por lo que se debe tomar especial precaución en la presentación de material escrito. También cuidar que el material escrito no esté justificado si se trata de hojas tipeadas en Word por el docente. En un texto justificado los espacios entre palabras son mayores que lo esperado lo cual promueve una disminución en la velocidad lectora.

- Utilizar tamaño de tipografía más grande dado que favorece la activación de estrategias de reconocimiento visual de palabras:

TABLA 5.1

10	Típico
11	Típico
12	Dislexia nivel secundario-universitario
14	Dislexia primaria segundo ciclo
16	Dislexia primaria primer ciclo
18	Dislexia lectura inicial
20	Dislexia lectura inicial

- Cuidar que el interlineado sea de 1,5, ni más ni menos.

- No justificar los párrafos, sino ponerlos alineados hacia la izquierda, dado que favorece la lectura y el reconocimiento global de las palabras.

- Darles material con amplio espacio después de las consignas para que tengan lugar para responder.

- A los que tienen mala letra, sugerirles la escritura en imprenta minúscula lo que soluciona de una vez y para siempre cualquier problema en la legibilidad.

163

Tiempo

- Menor cantidad de ítems/ejercicios, pero que promuevan mayor comprensión. Se puede llegar a un concepto de manera significativa y sin la necesidad de hacer toneladas de ejercicios sobre lo mismo.

- Mayor tiempo no siempre es en el mismo día, dado que la fatiga traiciona cualquier estudio esforzado que se haya realizado. Permitirles recreos o realizar el ejercicio/evaluación en varias ocasiones o días.

Evaluación

- Priorizar la toma oral de contenido o reforzar la toma escrita con un oral.

- Buscar situaciones de evaluación distintas a la escrita: un trabajo en grupo, una exposición sobre un tema, una maqueta para luego referir lo que se aprendió.

- Evitar penalizar las faltas de ortografía ya que nunca lograrán automatizar las reglas ortográficas.

- Darles más tiempo para las pruebas o realizarlas por partes o en varios días porque se fatigan más que los demás por dedicar recursos cognitivos a procesos automáticos como leer, escribir y buscar la información en su memoria.

- Organizar la hoja con espacio amplio para que respondan ahí mismo.

- Plantear distintos tipos de ejercicios que impliquen poca lectura y escritura como pueden ser verdadero/falso o *multiple choice*.

Lengua

Esta materia es la más compleja para alumnos con dislexia porque requiere de un alto compromiso de la lectura, del dominio de las reglas ortográficas y de destreza en la expresión de ideas por escrito. Al saber que es la materia que más dificultad genera porque pone en juego su área de mayor dificultad, es importante que se maximicen las adaptaciones.

- Explicitar estrategias para cada contenido: dar claves o ayudas memorias para poder realizar el análisis sintáctico, la clasificación de palabras, las conjugaciones verbales, el análisis literario.

- Permitir tarjetas o fichas ayudamemoria en las pruebas, ya que no es relevante que se acuerden los nombres de los contenidos, pero sí que los puedan aplicar. Los estudiantes con DEA tenderán a confundirse en conceptos que parecen tan sencillos como diptongo versus hiato, rima asonante versus rima consonante, pero si cuentan con un ayudamemoria que defina a cada uno, podrán identificarlas adecuadamente.

- Comprender que el dominio de las reglas ortográficas es complejo para ellos porque no tienen memoria visual que los ayude como a los demás estudiantes. Entonces, contar con el ayudamemoria, o evaluar tan solo dos reglas en forma simultánea será mucho más formativo que evaluarlas de manera integral. Incluso, es más educativo que las reglas estén escritas en pósteres o carteleras de la clase para su consulta aún en evaluaciones. Si el docente busca que el alumno realmente aprenda, la situación diaria o de evaluación serán momentos de aprendizaje donde afian-

zar el contenido, y no simplemente situaciones para evaluar lo que retuvo. Los alumnos con DEA muchas veces
no logran evocar o recuperar de su cerebro la información
relevante, por lo cual, que la información esté disponible
y que la tengan que aplicar es mucho más formativo.

- Anticipar lecturas en evaluaciones o reducir la cantidad
de libros que deben leer para literatura. Otra opción es
darles la versión en audio para que no dependan del ritmo
lector que haya alcanzado.

Matemáticas

Matemáticas puede ser tanto fácil como compleja para un alumno con dislexia, porque algunos cuentan con una conformación
cerebral que les permite procesar las matemáticas en forma más
intuitiva, visual, áreas que generalmente se encuentran muy
bien desarrolladas en personas con dislexia. Otros procesan esta
materia en forma más verbal y fonológica, lo cual toca sus áreas
de dificultad. En esos casos el acceso al automatismo en el cálculo se ve comprometido y en muchas ocasiones se puede caratular
de discalculia. En todos los casos es recomendable que:

- se les facilite la lectura de los problemas con enunciados
más simples o por partes;
- se les brinde la posibilidad de contar con la grilla de tablas
en la primaria y, ya en la secundaria, con calculadora;
- se les de una cantidad menor de ejercicios, ya que procesan más lento;
- se realicen adaptaciones descriptas para el material escrito (más espacio en la hoja, posibilidad de resolver luego
del enunciado y no tener que volver a copiar una cuenta o

resolver en otra hoja porque en la transcripción es donde cometen los errores).

Las ciencias

En estas materias generalmente no presentan dificultad porque se trata de chicos muy curiosos. Si el aprendizaje se basa en la exploración y el razonamiento (no en la lectura de material y recuerdo enciclopédico), entonces no tendrán dificultad. Necesitarán que se les adapte la evaluación, poniendo énfasis a la toma oral de contenido o bien en la diagramación de evaluaciones con recursos de *multiple choice*. La dificultad de los alumnos con DEA en esta área se vincula a la memorización de vocablos. Pero nuevamente, si la enseñanza está basada en el intercambio y el razonamiento, podrán demostrar lo aprendido de acuerdo a cómo se diagrame la instancia de evaluación. Los docentes deberán pasar por alto fallas en la evocación de palabras complejas, en la ortografía y en la redacción.

Historia

Esta materia es de especial dificultad para los alumnos con dislexia, sobre todo cuando se enseña de manera enciclopédica, ya que, como hemos dicho, tienen gran dificultad para evocar información estudiada. Prácticamente no recuerdan fechas, ni nombres y tienen dificultad para secuenciar hechos en una línea cronológica, pero esto puede cambiar si se les enseña la Historia como un cuento y si se les brindan herramientas específicas para registrar información. Los estudiantes y en especial los que tienen DEA cuentan con pocos recursos para estudiar y recordar información de manera comprensible. A esto se suma que al llegar a la secundaria se les pide que describan causas, consecuencias y que relacionen un documento o un hecho con otro. El problema es que no se les enseña cómo hacerlo y que todo termina siendo una evaluación de cuánta información pueden retener y registrar. Se hace necesario un cambio en la enseñanza. Mientras tanto, los docentes deben:

- Evitar bajar puntos por ortografía.

- Enseñar en forma explícita a razonar, a establecer relaciones, deducir causas y consecuencias, armar una línea cronológica.

Si eso se da, y si además se les da la oportunidad de rendir en forma oral, los estudiantes con DEA tendrán menos dificultades en esta materia.

El aprendizaje en la actualidad

¿Cómo aprenden los alumnos hoy?

La escuela enciclopedista, en la que gran parte de la enseñanza se basaba, está en su ocaso. Si analizamos la historia de la humanidad en relación a cómo evolucionó la educación, vemos que inicialmente eran unos pocos los que tenían el conocimiento, unos privilegiados que sabían leer y escribir, y que lo transmitían al resto de los mortales en forma oral. Aprender implicaba tener una gran capacidad de escucha y la posibilidad de repetir. Enseñar implicaba saber leer. Las distintas escuelas de filosofía fueron desarrollando diversos métodos didácticos, buscando enseñar una actitud crítica y reflexiva ante la realidad, pero principalmente para aprender era necesario escuchar. Luego se incorporó sabiamente el método de la pregunta, mediante el cual los oyentes podían cuestionar y empezar a razonar sobre lo que se les decía, para alcanzar la verdad luego de haberla razonado. A esto se lo llamó *dialéctica*. En este tipo de escuela informal, una persona con dislexia no tenía dificultad ya que aprender no implicaba las destrezas de leer y escribir (solo para quien enseñaba).

Los romanos consideraron fundamental el desarrollo de la oratoria y la retórica, y transmitieron al mundo occidental el estudio de las diversas ciencias (lengua latina, literatura, ingeniería, derecho, administración y organización del gobierno). Después, bajo influencia cristiana, fueron fundadas muchas escuelas monásticas, en las que se enseñaba además de la gramática y la lógica, la aritmética, la geometría, la astronomía y la música. En la Edad Media se impuso el escolasticismo en el ambiente educativo, y los principales lugares para aprender fueron los monasterios que mantenían los manuscritos de la cultura clásica. Pero la educación siguió siendo un privilegio de las clases superiores. En el Renacimiento se extendió el estudio hacia las matemáticas y se introdujeron en las escuelas las ciencias, historia, geografía, música y educación física. Este modelo fue el que imperó por más de cuatrocientos años.

El acceso a la información se fue extendiendo con el surgimiento de la imprenta, y leer ya no fue solo cosa de eruditos. Toda persona escolarizada y de cierto nivel socioeconómico podía acceder a la lectura y por ende al conocimiento. Ya desde entonces el tener dislexia debe haber sido limitante para alcanzar el estatus social que implicaba el saber. No es extraño que muchas personas sin estar al tanto de que tenían dislexia hayan optado por trabajos o labores vinculadas a lo manual porque no se tenía conciencia de este trastorno en muchos sitios. O simplemente, abandonaban la escolaridad. Pero por entonces hacerlo no estaba mal visto.

La población fue creciendo y junto con ella la curiosidad y las ganas de aprender y saber. Se crearon las primeras escuelas en las que se enseñaba a leer y escribir como vía de acceso al conocimiento. Por entonces, alguien inteligente era aquel que podía leer y escribir y acceder a los libros en los que se encontraba la información; saber era sinónimo de lectura y de capacidad de retener la información. A las grandes bibliotecas solo tenían acceso aquellos con cierto rango y que, por supuesto, sabían leer. Saber leer era señal de estatus y daba poderío. Cuando la escuela fue extendiéndose a las sociedades y más gente tuvo acceso, aprender y saber, significaba siempre retener una gran cantidad de información (escuela enciclopedista), aquella que estaba en los libros. Alguien era admirado por la cultura que transmitía y la cantidad de saberes o dominio de conocimientos que demostraba tener.

La evolución social fue llevando la lectura y la escritura a todos los medios sociales hasta hacer de la escuela algo obligatorio. Es allí donde deben haber empezado los problemas severos. Sin saber la posibilidad de existencia de una dislexia, numerosos alumnos repetían de grado, eran burlados o tratados de tontos. Pero la enseñanza poco cambió. Se siguió mostrando el saber de modo expositivo, con el foco puesto en dominar conocimientos, memorizarlos. La sociedad siguió evolucionando y en los años ochenta y noventa apareció la computadora, pero no llegó a las escuelas más que para aprender a dominar el sistema DOS, luego el Windows, el Office.

Con la aparición de Internet y de la telefonía celular todo cambió definitivamente. Todo, menos el modo de enseñar. Se necesitaron más de quince años para empezar a cuestionar si la metodología de enseñanza era la adecuada. En esos quince años de pocas preguntas y muchos avances tecnológicos, la realidad superó a la teoría. Pero las teorías siguen sin cambiar realmente.

Se hace imperativo un cambio en la manera de enseñar. Los chicos aprenden de una manera diferente a la que se enseña. La escuela es para ellos un lugar donde la curiosidad por el saber se perdió, porque solo se requiere que memoricen. Asisten al colegio como una obligación, esperando los recreos para encontrarse con sus amigos. Se la pasan haciendo tareas y reforzando lo que no aprenden en clase. Se llenaron las casas de maestros particulares para forzarlos a retener la información que luego de los exámenes olvidan, y terminan el colegio sin saber estudiar y sin poder enfrentar con éxito la enseñanza universitaria o de posgrado, o incluso, la vida laboral. Llegan al trabajo sin recursos de organización, sin habilidades lingüísticas apropiadas, con dificultad para lidiar con situaciones problemáticas.

Hoy en día ya no es inteligente quien retiene información, porque se encuentra en un abrir y cerrar de ojos con una simple orden al celular. Ya ni siquiera hace falta escribir la pregunta… buscadores como Google reciben mensaje por voz y responden con la información solicitada en forma oral, sin que sea necesario saber leer para acceder al conocimiento. Se trata de un cambio drástico si se tiene en cuenta la breve reseña histórica. La información ya no está enclaustrada en edificios impenetrables, o solo disponible para quienes saben leer, la información está al alcance de todos sin importar el nivel social, porque si hay algo que iguala a las clases sociales y a las personas con capacidades diferentes, es un teléfono celular con conexión a Internet. La función de la escuela entonces ya no es transmitir información, sino formar pensadores para que puedan procesar esa información con sentido crítico.

Formar pensadores no es simplemente enfrentarlos a situaciones problemáticas para resolver, ni tampoco hacer que critiquen, argumenten. Hoy muchas escuelas que intentan hacer un cambio pretenden que los alumnos deduzcan el "cómo" en interacción con las situaciones que se le plantean; esto es liderado por los más ágiles, pero muchos alumnos se quedan atrás y directamente no aprenden ni siquiera de memoria. Formar pensadores requiere un plan y una base sólida en la transmisión y enseñanza de estrategias de pensamiento que debe hacerse en forma explícita (el cómo), así como de las habilidades básicas para lograrlo. Entre ellas, aprender a leer y escribir en todos los niveles académicos. El aprendizaje de la lectura y escritura no termina en tercer grado. Se sigue aprendiendo a leer diversidad de textos y a escribir con distintas intenciones, teniendo en cuenta distintas audiencias o lectores y con niveles diferentes de complejidad lingüística.

Muchos alumnos universitarios (sin dislexia) llegan a la consulta simplemente porque no saben cómo comprender textos, cómo argumentar, cómo tomar apuntes, cómo utilizar lenguaje académico, cómo enfrentar un examen oral, cómo preparar una presentación PowerPoint o cómo redactar una tesis. Estas habilidades deberían enseñarse en el colegio. No simplemente pedirles a los alumnos que las hagan, sino enseñar a realizarlas, dar un modelo, para que luego puedan replicarlo en otras instancias.

Los alumnos de hoy no son como los de ayer. Son quizás más parecidos a la época socrática, en la que se aprendía mucho por la interacción oral, por el cuestionamiento, el pensamiento crítico. Claro que entonces no necesitaban saber leer para aprender y no existía la tecnología. Actualmente no se puede negar la importancia de tomar en cuenta la tecnología en la educación, sin por eso dejar de lado la enseñanza de recursos básicos de acceso como el saber leer y escribir o calcular, o desatender lo primordial de enseñar en forma explícita estrategias de pensamiento y de procesamiento de la información.

Por otro lado, los alumnos no solo tienen hoy una modalidad de pensamiento diferente, sino que la procesan diferente.

No son pensadores lineales, ni respetan relaciones de causa efecto lineal, sino que tienen un pensamiento más de tipo asociativo, aprenden en forma dispersa e intuitiva, con un fuerte componente visual. Necesitan ver, tocar, experimentar y sacar sus propias conclusiones; comparar, contemplar diversos puntos de vista. A lo que no están tan habituados es a formalizar estos procesos, a sintetizar, a concluir. Ese proceso debe estar guiado por un docente. Los alumnos de hoy no retienen sino que tienen una gran curiosidad. Sin embargo, les cuesta profundizar, se mueven en una línea del saber a lo ancho y no a lo largo. Van aprendiendo en zigzag, lo que tiene sus riesgos porque pueden no llegar a profundizar. Es necesario enseñarles destrezas de pensamiento que les permita hacerlo, y por sobre todo, promover la "metacognición", que es la capacidad de saber cómo aprendemos y procesamos información.

La nueva escuela debe enseñar en forma explícita a pensar, a que cada alumno tome conciencia de los procesos cognitivos, de las estrategias que utiliza para resolver o realizar determinada actividad o llegar a determinado concepto. Explicitarlo le servirá para aplicarlo en forma eficiente en otra situación. Los alumnos de hoy tampoco tienen demasiadas destrezas para aprender en grupo porque el contacto con la información es tarea a la que llegan solos; la función de la escuela es también la de enseñarles a trabajar en equipo, a aprender en conjunto, a respetar distintos puntos de vista.

Así, habremos dotado de recursos valiosísimos a los estudiantes, que podrán seguir aprendiendo siempre en forma autónoma, mientras dan rienda suelta a la curiosidad y a la creatividad, pero sobre una estructura de pensamiento formada, consciente, que les permita llegar a conclusiones sólidas.

Debemos tomar en cuenta esta nueva modalidad de aprendizaje que tienen los estudiantes hoy. Es importante que las instituciones educativas puedan reformular su función, sin dejar que toda una generación pierda el gusto por el aprendizaje en grupo y guiado por un adulto. Ya no se necesita ir al colegio para aprender el contenido de una materia, hoy en día las personas pueden aprender solas esa variable. El colegio, además de ser el lugar donde se aprenden habilidades básicas como leer y escribir, es fundamentalmente un lugar para aprender a pensar, a desarrollar recursos de lo que se llama alto funcionamiento cognitivo: observar, comparar, asociar, relacionar, categorizar, argumentar, sintetizar, concluir, transferir.

El secreto para alcanzar esto es desarrollar la metacognición desde el nivel inicial y no tener miedo a explicitar estrategias de pensamiento para que los alumnos las tomen y, en el mejor de los casos, las reformulen o generen nuevas estrategias. El rol del maestro es modelar, promover, asistir en el proceso de aprendizaje, para que luego los alumnos alcancen una autonomía tal que les permita transferir lo aprendido a nuevas situaciones.

En una escuela enfocada de esta manera, las dificultades en los aprendizajes deberían notarse menos, dado que se estarían requiriendo y promoviendo las áreas donde los alumnos con DEA presentan habilidad. En la escuela enciclopedista, en cambio, el foco se pone en las habilidades automáticas que son las áreas de dificultad en una persona con dislexia: leer, copiar, escribir y memorizar.

El rol del profesional

El rol del profesional es, en primer lugar, llegar a una conclusión diagnóstica, planificar la intervención y realizarla. Luego corresponde que se contacte con el colegio o se acerque para informar la visión diagnóstica, comunicar qué objetivos se priorizarán en el tratamiento y cuáles son las fortalezas en las que se pueden apoyar para enseñarle y las adaptaciones más recomendadas para ese alumno en particular.

El profesional debe poder dar indicaciones o sugerencias de intervención y adaptación en el aula, trabajar codo a codo con los maestros para que se personalicen lo más posibles las pautas generales de adaptación metodológica a ese alumno en particular. No todos los alumnos con dislexia son iguales y es función de los adultos que están con el alumno realizar acuerdos que contemplen su singularidad.

En algunos casos, será de gran utilidad que el profesional pueda sugerir si las adaptaciones realizadas son adecuadas, sobre la base de la confianza en el trabajo en equipo y de la confidencialidad que conlleva el rol del profesional. El psicopedagogo no es un enviado de los padres para gestionar determinada cosa en el colegio. Es su función actuar con independencia, pero con sustento científico y clínico sobre qué es lo más conveniente para su paciente en el ámbito escolar.

El profesional psicopedagogo tiene una función de mediador entre padres y colegio, entendido no como mediador de conflictos, sino como comunicador.

Además, es tarea del especialista a cargo monitorear a su paciente en todas las áreas, no solo en el aprendizaje, para sugerir interconsultas pertinentes en los ámbitos emocionales o de conducta, ya que es común que los pacientes con DEA se vean afectados en su autoestima o que algunos presenten en forma simultánea problemas en la atención o ansiedad.

Por último el profesional tiene el deber de formarse de manera continua en las últimas investigaciones, de trabajar con programas basados en evidencia científica, de informar a los padres sobre ello y también sobre la evolución del paciente. Debe evaluar su práctica con objetividad y observar si está dando o no resultado. Como dije anteriormente, tiene el deber de poner por escrito tanto el diagnóstico como los informes de evolución del tratamiento. Esto será de gran ayuda para mantener informados a los padres y los docentes, así como para validar su intervención.

Capítulo 6

Dislexia y bilingüismo

Ya cuando Male estaba en kínder empezamos a darnos cuenta de que había algo que no andaba bien. Su maestra nos decía que iba más lento porque aprendía dos idiomas. Después, en primer grado nos dijeron que le faltaba madurar y que el despegue iba a ser rápido. Fue entonces cuando decidimos hacer una evaluación. Aquí en Estados Unidos el psicopedagogo no existe como tal así que buscamos un psicólogo. Su diagnóstico fue que Malena tenía un problema con la conexión de los fonemas, pero nunca nos dio un nombre, lo que siguió siendo una traba para poder encontrar una solución. Nos recomendó que Malena tuviera un tutor todos los días, y nos aseguró que en un año iba a mejorar. Pasados los seis meses no hubo ningún cambio en su manera de procesar el lenguaje, pero sí en su enojo con la tutora y con nosotros. Hicimos otra evaluación y el diagnóstico fue dislexia. Le pudimos dar nombre a esto que le estaba pasando cuando tenía 7 años. A pesar de que sabíamos que venía una tarea larga y cansadora, nos dio mucha alegría saber que lo que le pasaba a Male tenía un nombre. Tuvimos entonces la posibilidad de mandarla a una escuela para disléxicos. Allí se dio cuenta de que había otros chicos que tenían el mismo problema que ella, que leían distinto, que demoraban, y que no era solo ella la que no podía. Volvió a tener confianza en sí misma, volvió a ser la Malena de siempre.

ROMINA, MAMÁ DE MALENA, NIÑA CON DISLEXIA CON RESIDENCIA EN MIAMI, DONDE TAMBIÉN ENFRENTÓ FRUSTRACIÓN ESCOLAR, MAESTROS QUE NO LA COMPRENDÍAN Y BAJA AUTOESTIMA. PUDO SALIR ADELANTE GRACIAS AL DIAGNÓSTICO Y AL TRATAMIENTO ADECUADO

Una segunda lengua

Es frecuente escuchar decir que alguien con dislexia se encuentra mejor ubicado en una escuela sin inglés, dado que si tiene dificultad para el español es demasiado pedirle el aprendizaje de una segunda lengua. Otro mito. Los estudios muestran que una persona con dislexia que aprende una segunda lengua tiene mayor cantidad de recursos y logra mayor nivel académico en su lengua materna y en la segunda lengua también. Entonces, no daña aprender una segunda lengua, sino más bien, enriquece, suma. Estudios como el de la doctora Linda Siegel muestran que los alumnos con dislexia monolingües (en el estudio aprendían solamente inglés) tienen menor rendimiento en pruebas de lectura y lenguaje que aquellos con dislexia bilingües (inglés y otra lengua). Esa es la evidencia, lo demás es mito.

Aquí les dejo dos links a un video y a una exposición de la doctora Siegel donde cuenta los resultados de su investigación:

➤ <www.youtube.com/watch?v=0nfdeQiT3Oo>.

➤ <www.slideshare.net/DyslexiaInternational/wdf2010-siegel>.

El bilingüismo y la dislexia

Se llama *bilingüe* a la persona que además de su primera lengua tiene una competencia parecida en otra lengua y que es capaz de usar una u otra en cualquier circunstancia con eficacia semejante. Ahora bien, bilingüe puede llamarse a alguien que domina dos lenguas a nivel oral o escrito. Bilingüe puede ser una persona a nivel oral, pero no necesariamente a nivel escrito. Es decir, no se requiere el completo dominio de todas las formas de la lengua para decir que alguien es bilingüe. Por supuesto que el dominio de la lengua oral y escrita completa en dos lenguas hace a una persona completamente bilingüe. Pero también se considera bilingüe oral o bilingüe escrito, por dominar uno de los dos aspectos de la lengua.

Con respecto a los alumnos con dislexia, podemos decir que sería un equívoco privarlos de la posibilidad de ser bilingües orales, aunque tengan dificultad para alcanzar el nivel bilingüe escrito. Una persona con dislexia que no presentó problemas para la adquisición de la lengua oral en su primera lengua, tampoco los presentará si es expuesto de manera intensiva a la oralidad en la segunda.

Ahora bien, si se pretende que incorpore oralidad a través de la lengua escrita, entonces será una traba difícil de derribar, porque tiene una dificultad intrínseca y persistente en la lectoescritura, no importa la lengua que sea. Frente a esta realidad, se puede pensar que el bilingüismo oral es posible pero condicionado al modo en el que se enseñe (si se enseña desde la oralidad se logrará un aprendizaje exitoso, lo contrario se dará si se pretende que se aprenda a través de la lectoescritura).

El bilingüismo escrito es más complejo en alguien con dislexia, no imposible, pero difícil. La disortografía (errores ortográficos) estará siempre presente, y en una lengua opaca como el inglés puede llevar a que sea difícil leer un escrito con múltiples errores, así como también será más difícil aprender a leer cuando las letras tienen diferentes maneras de sonar.

Revisemos algunos aspectos que diferencian el inglés del español, dado que es la díada de idiomas que más frecuentemente encontramos en los colegios:

- En el español se cuenta con tantos sonidos como las letras (aproximadamente, solo con algunas excepciones), mientras que el inglés dispone de un alfabeto de veintiséis letras al cual le corresponden más de cuarenta sonidos, particularmente en las vocales. Aprender el idioma requiere de una gran capacidad de memoria verbal y de automatización de las correspondencias letra-sonido según el contexto en el que se encuentren las letras, habilidad especialmente afectada en presencia de una dislexia. Aprender a leer con fluidez puede ser complejo.

- Inicialmente en inglés se tiene la sensación que los alumnos pueden leer mejor que en castellano porque el inglés cuenta con muchos vocablos monosílabos que se aprenden por impacto visual, es decir, por reconocimiento y no requiere de conocimientos ni destrezas fonéticas, que se encuentran descendidas en personas con dislexia. Pero luego de esta etapa inicial, la adquisición de fluidez en la lectura comienza a depender también del dominio de la fonética, aspecto que se adquiere por dominio de la lengua oral y su asociación con la forma escrita. Es en este momento en el que los alumnos con dislexia muestran mayor dificultad.

- El español se automatiza rápidamente, pero en inglés se necesita mayor tiempo, y más aún cuando se carecen de recursos de fonética y oralidad que se debieran aprender implícitamente por exposición oral.

- El inglés se escribe diferente a como se pronuncia, lo que trae especial dificultad a alumnos que no desarrollan la vía léxica o el reconocimiento visual de palabras como es el caso de alumnos con dislexia.

- El español se puede escribir como suena y cualquier persona puede comprender lo que dice aunque existan faltas de ortografía, mientras que en el inglés escribir de manera incorrecta puede entorpecer mucho la comprensión de lo escrito. Se debe tener una visión amplia para comprenderlo, o bien entender que están escribiendo con la fonética del español.

Problemas y realidades que se presentan en la mayoría de las escuelas que se dicen bilingües:

- En las escuelas falta exposición oral a la segunda lengua, lo cual es fundamental en cuanto brinda nociones de sintaxis y fonética tanto para la lectura oral y comprensiva como para la escritura.

- El inglés no siempre se enseña de manera explícita, lo que provoca que los estudiantes no comprendan la singularidad de esta lengua, especialmente aquellos con dislexia.

- Los programas bilingües en países como la Argentina, aunque no siempre brindan nociones adecuadas de oralidad, permiten el desarrollo de la comprensión de la segunda lengua en lectores de diversa habilidad. Solo debe darse más tiempo de lectura y más información sobre la lengua oral.

- De acuerdo a investigaciones realizadas en la Argentina y también en otros países, una persona puede tardar dos años más en aprender el inglés que una lengua transparente como el español. El material académico debería tomar en cuenta la discrepancia de dos años con lectores nativos para ajustar el material de enseñanza en lugar de utilizar material correspondiente a los nativos o quienes tienen al inglés como primera lengua.

Cuándo introducir una segunda lengua

La segunda lengua se puede introducir en forma simultánea a la primera siempre que se trate de su forma oral. La forma escrita supone el dominio de la estructura gramatical y fonológica a nivel oral, noción que suele faltar en la mayoría de los colegios donde se enseñan dos lenguas. Esto es un gran impedimento para su aprendizaje, a lo cual hay que sumarle el hecho de contar con una dificultad específica como la dislexia.

La escritura en la segunda lengua debería introducirse cuando el alumno se encuentra alfabetizado en su lengua materna y cuando ya domina la segunda lengua en forma oral. En el caso del inglés, por ejemplo, parte de su enseñanza radica en que aprendan por medio de la memoria visual algunos vocablos. Esto puede trabajarse e incluso se puede pedir que los escriban, lo que no implicará ningún problema para alguien con dislexia. El problema surgirá cuando deba expresar ideas por escrito y no tenga herramientas para escribir con adecuada ortografía. Esto no es importante si domina la lengua oral, dado que escribirá como habla, y si habla correctamente, se podrán pasar por alto las faltas de ortografía. En cambio, cuando el alumno no domina la lengua oral, suele no entenderse la organización de su escritura más allá de los errores ortográficos que pueda cometer. En un alumno con dislexia entonces debe priorizarse el refuerzo oral de la lengua y luego la escritura gramaticalmente correcta, aunque se pasen por alto faltas de ortografía. Y por supuesto, debe enseñarse cómo leer en esa lengua en particular.

¿Es posible que un alumno con dislexia alcance el nivel bilingüe?

Como se explicó más arriba, ser bilingüe es contar con el mismo nivel de destreza en dos lenguas. En este sentido, se puede ser bilingüe en la lengua oral, bilingüe en la lengua escrita o bien bilingüe total (tanto oral como escrito). Un alumno con dislexia tiene la posibilidad de ser bilingüe oral y de adquirir nociones de lectoescritura pero en un menor nivel que el oral. Según estudios realizados en la Argentina, un alumno con dislexia puede alcanzar el mismo nivel de comprensión lectora que otro sin dislexia, pero necesita más tiempo. Podrá asemejarse a un estudiante sin dislexia en la capacidad para expresarse oralmente y comprender la lengua oral, y establecer un diálogo no solo cotidiano sino también académico. En lo que nunca puede igualar al nativo inglés o a un alumno sin dislexia es en la destreza escrita. Si bien puede llegar a redactar con alta riqueza lingüística, la ortografía será una barrera importante dado que en el inglés se escribe de un modo diferente al que se habla. Esto puede mejorarse si se les permite escribir en procesadores de textos (computadoras), las cuales brindan corrección inmediata de sintaxis, puntuación y ortografía.

LOS EXÁMENES INTERNACIONALES

Créase o no, fue en los exámenes internacionales donde se consideró por primera vez la condición de dislexia, cuando en los colegios todavía no se realizaban adaptaciones. Antes de rendir, se debe llenar un formulario donde se puede dejar constancia si el alumno presenta dislexia, en cuyo caso se harán dos adaptaciones básicas: darle más tiempo y la posibilidad de escribir en computadora para que pueda corregir la ortografía. Los exámenes internacionales además están diseñados en un formato generalmente *multiple choice* que favorece a los alumnos con dislexia. Así pues, no solo no es impedimento el tener dislexia, sino que está todo preparado para que quienes tengan esta condición puedan rendir exámenes internacionales. La calificación tiene la misma validez y nivel que la de un alumno sin dislexia, pero se le realizan adaptaciones metodológicas que no afectan el resultado final.

La dislexia y el inglés: pautas de intervención

Oralidad

- Exponerlos a un entorno angloparlante continuo para que cuenten con recursos de fonética, vocabulario y gramática.

- Favorecer la expresión oral con actividades orales como diálogos, entrevistas, exposición de un tema con apoyatura en imagen.

- Brindarles tips para el discurso oral organizado que luego se reflejará en una mejor escritura.

- Trabajar la fonética de manera lúdica.

- Permitir tener a la vista en clase y exámenes las fórmulas de estructuración gramatical de las frases (por ejemplo, sujeto + verbo + adjetivo + nombre).

- Permitir tener a la vista en clase y exámenes los esquemas de estructuración de los distintos tiempos verbales (por ejemplo, futuro: pronombre personal + will + infinitivo).

Lectura

- Anticipar oralmente el vocabulario de la unidad a leer o escribir.

- Enseñar a leer en inglés: hacer explícitas las correspondencias entre letras o grupos de letras y su fonética.

- Dar textos con un vocabulario repetitivo y conocido.

- Modelar la lectura oral.

- Darles una lectura para que la practiquen. No avergonzarlos.

- Estimular el intercambio oral previo a la lectura.

- Señalar los objetivos mínimos de cada tema a nivel de vocabulario y gramática.

- Reducir la cantidad de vocabulario nuevo, para facilitar la comprensión de manera gradual.

- Juegos de deletreo y composición de palabras.

- Inmersión escrita (poner carteles a todo).

- Utilización de tarjetas con palabras frecuentes.

- Lectura de cuentos o textos en formato digital, que permita la escucha.

- Reducir la cantidad de libros de lectura obligatoria y adaptarlos a su nivel lector (mínimo dos años inferior al nivel nativo).

Escritura

- No corregir las faltas de ortografía; permitir la transcripción fonética de las palabras (por ejemplo: *orange*-oranch); priorizar la integración oral o bien permitirles que estudien un listado de diez palabras a fin de que las fijen visualmente.

- Dar pautas de generación de ideas.

- Dar pautas de redacción (conectores, estructura textual, tipo de texto).

- Practicar varias veces la misma estructura.

- Evaluar sobre lo practicado.

- Dar con anticipación el tema sobre el que se evaluará en redacción.

- Asegurarse que poseen vocabulario y herramientas para realizar los trabajos que se les dan.

Aspectos a reforzar en alumnos con dislexia

- Enseñanza sistemática en fonética.

- Aprendizaje de prefijos (dis- en *disapprove*) y sufijos (-ology en *anthropology*) ya que no incrementan vocabulario por lectura.

- Aprendizaje de las claves de prefijos y sufijos: sufijos que indican sustantivo (-ness, -sion, -tion, -ity, -ist, -ism), adjetivo (-ive, -able, -ful, -al, -ous) adverbios (-ly) y verbos (-ize, -ify), lo que mejora tanto vocabulario como escritura.

- Tips de escritura para consonantes dobles: si una vocal es larga, la consonante que le sigue no puede ser doble (*later, minor*), mientras que si es corta, es doble (*bitter, better, little, kitten, manner*).

- Los alumnos con dislexia tienen dificultad en predecir la palabra faltante en una oración por una baja memoria de trabajo. No se sugieren estos ejercicios al menos que se brinden opciones.

- El inglés no es predecible para la escritura (por ejemplo: *thought, cow*) y no se pueden escribir por fonética todas las palabras.

- Tienen dificultad en el recuerdo de la secuencia de letras, por lo cual es importante que se trabaje el reconocimiento visual de palabras.

Evaluaciones

- Consignas: cortas y claras.
- Otorgar más tiempo o segmentar la evaluación.
- Reducir la cantidad de contenidos.
- Actividades: unir con flechas, completar crucigramas, subrayar con color, verdadero o falso, *multiple choice*.
- Pasar por alto detalles de expresión, prolijidad, ortografía, etc.
- Permitir recuperar puntos que respondió mal.
- Señalar lo que está bien hecho. Poner notas personalizadas.

Programas disponibles en inglés

También es altamente recomendable que utilicen la tecnología para estar más expuestos tanto a la oralidad como a las reglas de este sistema escrito. Existe gran cantidad de materiales y programas en inglés, todos con sustento científico, es decir, que está probado que funcionan. Todos ellos se plantean de manera lúdica y están disponibles para aplicar en el colegio y en la casa. Además, hay disponibles en Internet tips y materiales para aprender los aspectos importantes de la fonética.

Aquí se brindan los datos de algunos de los programas más destacados y disponibles en Internet:

- Jardín/primer ciclo: programas basados en los predictores que por investigación se sabe que promueven una lectura exitosa (*phonological awareness, letter/ word recognition, language, vocabulary*). En muchos jardines de infantes y algunos colegios bilingües de la Argentina se están aplicando:

- Letterland (www.letterland.com);

- Jolly Phonics (jollylearning.co.uk).

• Primer y segundo ciclo:

  - Lindamood-Bell (www.lindamoodbell.com);

  - Orton-Gillingham (www.orton-gillingham.com);

  - Wilson program (www.wilsonlanguage.com);

  - ABRACADABRA (abralite.concordia.ca);

  - EPEARL (grover.concordia.ca/epearl);

  - Smartboards (por ejemplo: Promethean technology/ Mimio);

  - Nessy (www.nessy.com/uk).

Capítulo 7

La dislexia en el universo de una persona compleja

Tengo dislexia, pero eso no significa que sea vaga o tonta, solo que aprendo distinto a los demás chicos. Antes de mi diagnóstico me sentía re mal porque no podía dividir, ni multiplicar, pero gracias a mi psicopedagoga, ahora puedo y me siento feliz. A veces todavía no puedo escribir o pronunciar algunas palabras. En la escuela no entendía por qué estudiaba y desaprobaba, pero ahora sé lo que tengo y agradezco a mis padres que me ayudan día a día. Yo sé lo que tengo, soy disléxica y no soy tonta. Ojalá muchos chicos puedan tener sus diagnósticos pronto porque realmente la pasamos mal cuando no sabemos. A mí me la descubrieron a los 10 años. Ojalá todos los chicos puedan llegar a tener el apoyo que tuvimos nosotros.

IVANA, ADOLESCENTE CON DISLEXIA

La comorbilidad: problemas asociados

La dislexia puede darse en forma pura, es decir, sin otras dificultades, pero es común que se presente asociada a otras condiciones, a lo que se denomina *comorbilidad*. A continuación se describen las problemáticas más comúnmente asociadas.

Atención

Uno de los motivos de consulta más frecuente es que los padres refieran que sus hijos tienen problemas para concentrarse en el estudio o en el colegio. "Se levanta de la mesa", "solo quiere jugar", "no quiere hacer la tarea", "se concentra mucho en la

Play y con la televisión pero no con el estudio", "no termina de copiar", "tiene muchos incompletos en el cuaderno".

En general, luego de realizar un diagnóstico se descubre que el alumno presenta DEA (dislexia, por ejemplo). Esto se explica por la simple noción de que un alumno que está haciendo un doble esfuerzo en el colegio se fatiga más rápido, ya que no logra destrezas que a otros chicos les resultan automáticas como leer, escribir o calcular. Eso no quiere decir lisa y llanamente que tengan un problema de atención, sino que este se genera por la exigencia que enfrentan. No obstante, ciertos estudios como los de Margaret Semrud-Clikeman y Sally Shaywitz, entre otros, muestran que las personas con dislexia tienen alrededor de un 30% de probabilidad de padecer en forma simultánea déficit de atención con o sin hiperactividad. Entonces es importante que un diagnóstico apunte también a evaluar y descartar o confirmar la posible asociación.

El déficit de atención es de origen neurológico y hereditario. Se caracteriza por niveles inadecuados de desatención, impulsividad e inquietud motora (esto último puede estar presente o no). Se trata de un trastorno de la conducta, no entendida como mal comportamiento sino en cuanto afecta su regulación. Quienes lo sufren son personas que no logran sostener la atención en tareas de alta demanda cognitiva, necesitan moverse, tocar todo, o bien saltan de un tema a otro, dejan temas y tareas incompletas. En resumen, no logran focalizar, y esto también afecta el aprendizaje. Existen dos tipos básicos de déficit de atención:

1) Predominantemente desatento (sin hiperactividad).

2) Predominantemente impulsivo/hiperactivo.

Los alumnos con dislexia pueden tener cualquiera de los dos, aunque el primero es el más frecuente y el que menos se diagnostica.

Es importante entonces tomar conciencia de que ambos trastornos pueden presentarse en forma conjunta, y deben tratarse al mismo tiempo. Tratar el déficit de atención (que es una dificultad que también se puede llegar a nivelar químicamente) no siempre requiere una medicación, como se suele pensar. En muchos casos los pacientes responden a pautas de organización y de monitoreo de la conducta en los distintos ámbitos (casa, colegio, consultorio), que pueden ser promovidas en el tratamiento psicopedagógico mismo. Un profesional bien formado se encuentra capacitado para abordarlo. Si el paciente no respondiera a la intervención, y viera afectada su calidad de vida familiar y escolar, entonces, es probable que se pida una consulta con un neurólogo o psicólogo para considerar otro tipo de tratamiento.

QUÉ HACER CUANDO PRESENTA DIFICULTADES CONJUNTAS: DISLEXIA Y DÉFICIT DE ATENCIÓN
Aplicar las pautas pensadas para niños con déficit de atención:
• Dividir tareas en partes.
• Asegurarse de que comprenda la consigna.
• Darle una consigna por vez.
• Trabajar objetivos de modificación de la conducta en una planilla de metas para que aprendan a regular sus acciones.
• Permitirle tomarse pequeños recreos entre tarea y tarea.
• Utilizar un organizador visual para anticipar actividades y en algunos casos el uso de un *timmer* los motiva a atender más.

➤ La voz de un experto, el doctor Russel Barkley: ww.youtube.com/
watch?v=BzhbAK1pdPM&list=PLzBixSjmbc8eFI6UX5_wWGP8i-
0mAs-cvY>.

➤ En forma de cómic: <www.youtube.com/watch?v=A8rjn-XvnLg>.

Lenguaje

Las dificultades en la adquisición del lenguaje son diversas y pueden afectar distintas destrezas (habla, sintaxis, pragmática), pero ellas no implican necesariamente que el niño presentará dislexia. Algunas dificultades del lenguaje son el retraso en su aparición, la dificultad para pronunciar adecuadamente algunos sonidos o para articular motrizmente un fonema, escaso desarrollo del lenguaje y del vocabulario, uso inadecuado de la sintaxis, fallas en la pragmática (hablan con acento extraño), confusión de palabras o reversión de las sílabas. Todas estas dificultades deben evaluarse en función de la edad del niño, pero normalmente son atendidas a tiempo porque llaman rápidamente la atención.

Ahora bien, muchas de las personas que presentan dificultad en el lenguaje luego cumplen con criterios de dislexia, lo que no significa que todas las personas que tienen dislexia presenten dificultades de lenguaje.

Esta asociación tiene que ver con que hay áreas del cerebro comunes al lenguaje que se ven afectadas tanto en una dislexia como en función a la memoria verbal o la destreza fonológica, pero ello no indica de por sí un problema del lenguaje, solo indica mayor riesgo de presentar dificultades.

Para diferenciar un problema de otro es importante que se realice una evaluación para cuando el niño con DEA alcanza los 4 o 5 años. A esa edad pueden observarse indicadores sobre si presentará o no dificultades para aprender a leer y escribir. La determinación real sobre si cumple criterios de dislexia o no se confirmará cuando el niño sea expuesto a la enseñanza. Es importantísimo que los profesionales en fonoaudiología y psicopedagogía trabajen en forma coordinada y colaboren en los casos en los que se pueda llegar a presentar una patología o trastorno simultáneo entre lenguaje y dislexia. Los estudios de respuesta al tratamiento muestran que los pacientes que presentan en forma simultánea trastorno del lenguaje y dislexia responden en forma más lenta y tienen mayor dificultad para lograr una compensación exitosa. La asistencia conjunta al fonoaudiólogo ayudará a fortalecer con mayor eficiencia las áreas del lenguaje. Algunos fonoaudiólogos tienen un enfoque basado en los procesos neurológicos que sustentan el lenguaje, o realizan una especialización en este enfoque que se denomina *neurolingüística*.

ALGUNAS IDEAS PARA ESTIMULAR ASPECTOS LINGÜÍSTICOS

- Jugar a armar adivinanzas orales (ayuda a organizar palabras, categorizar, asociar). Por ejemplo: "Estoy pensando en un juego de madera o metal, que tiene muchos muñecos que se pueden mover con un palo, juega un equipo contra otro" (metegol). "Estoy pensando en un lugar de la naturaleza donde se ve y escucha mucha agua caer fuerte" (cataratas).

- Jugar a armar oraciones a partir de dos palabras (ayuda a organizar información y se refuerza el armado de estructuras lingüísticas). Por ejemplo: tortuga-jardín: "La tortuga camina por el jardín". Es importante que no hagan oraciones autorreferenciales como: "Me encontré una tortuga en el jardín", dado que reflejan una menor habilidad de categorización y generalización.

Los pacientes que no cumplen criterio de trastorno de lenguaje (la mayoría) presentan frecuentemente algunas dificultades mínimas en áreas comunes como evocación de palabras, memoria verbal y, en algunos casos, confusión de las sílabas al pronunciar ciertas palabras o incluso deformación o invención de palabras. Para estos casos, lo mejor es brindarles ayudas memorias en aquellas áreas en las que necesiten evocar información para rendir adecuadamente.

Matemáticas

Como ya se dijo anteriormente, las dificultades en las matemáticas son bastante frecuentes en alumnos con dislexia, aunque algunos de ellos muestran alta habilidad en relación a cómo rinden en tareas de lectura. Lo cierto es que las investigaciones muestran que un 25% de las personas con diagnóstico de discalculia (dificultad específica para el cálculo) presenta en forma simultánea diagnóstico de dislexia. Esto es así dado que algunas áreas del cerebro implicadas en la lectura están también comprometidas en el procesamiento numérico y aritmético (reconocimiento de letras y números, recuerdo de combinaciones y recuerdo de las correspondencias sonoras).

En un estudio realizado en una población clínica de dislexia, encontramos que el 50% presentaba en forma conjunta dificultad para consolidar el cálculo mental y obtenía un bajo rendimiento en matemática, es decir, cumplía criterio de discalculia en forma simultánea a la dislexia. Al hacer un análisis según el grado escolar al que pertenecían, encontramos que en los primeros grados los alumnos con dislexia tenían dificultad para recordar el nombre de los números, especialmente aquellos con semejanza fonológica (60-70, 13-30, 600-700, 600-100), para entender el cambio de decena o centena que generalmente se explora en tareas como escribir el número anterior-posterior o en tareas de conteo oral, pero que mostraban buenas habilidades de razonamiento. Estas dificultades solían desaparecer luego de cuarto grado, pero persistían dificultades para recordar combinaciones numéricas (sumas que dan 10, tablas), para el cálculo mental (cuentan con los dedos o tardan mucho en calcular) y para recordar el procedimiento de operaciones (restas con dificultad, multiplicación, división). Si contaban con un ayudamemoria podían aplicar incluso con excelencia su razonamiento, pero muchas veces se veían entorpecidos por estas dificultades.

Entonces, es importante que el profesional que realiza el diagnóstico evalúe también el área de matemáticas para descartar la presencia conjunta de dificultades (discalculia) o bien para indagar si es necesario realizar una intervención en las áreas típicamente descendidas, a fin de tratarlas en forma precoz. Esta evaluación ayudará a los docentes para contemplar que es probable y esperable que inicialmente tengan dificultades en la consolidación del sistema de numeración, pero que se supera. También deberán ser conscientes de que las dificultades en el cálculo mental pueden ser persistentes.

Una solución para este problema es trabajar en forma intensa las combinaciones numéricas básicas y el razonamiento lógico en la resolución de cálculos. Esto se logra estimulando a los alumnos a comprender cómo se compone un número y dándoles estrategias para descomponer y componer números a la hora de realizar un cálculo. Por ejemplo, para sumar 43 + 28 se puede descomponer el número de la siguiente manera: 40 + 20; 3 + 8, luego sumar ambos resultados.

Si se anima al paciente a tomar conciencia de cómo se descompone el número para luego componerlo, se estará trabajando sobre la metacognición, es decir, sobre la toma de conciencia de cómo realizó el cálculo, que le permitirá volver a aplicar la estrategia para otra situación similar. Ahora bien, no hay que perder de vista que todo este proceso en pacientes con dislexia o discalculia lleva mayor tiempo que lo habitual. Será necesario brindarles más tiempo y considerar que el nivel de fatiga es mayor, ya que deben recurrir a la activación de áreas del cerebro que implican la atención, que los demás alumnos no activan porque para ellos todo esto resulta automático.

QUÉ REFORZAR EN MATEMÁTICAS O DISCALCULIA
• Nombre y escritura de los números, explicitando las dificultades frecuentes (diferencias entre el 6 y el 7, posición del cero intermedio).
• Inicialmente enseñarles a "ver" las combinaciones a 10 con la posición de sus dedos.
• Estrategias de cálculo mental por derivación (descomponer el número para luego componer).
• Permitirles tener las tablas en forma escrita.
• Enseñarles a analizar los problemas coloreando los datos y haciendo un dibujo de la lógica que se plantea a nivel verbal.
• Chequeo de los resultados con calculadora.
• Fomentar que expliquen "cómo" resolvieron algo o cómo llegaron a determinado resultado. Eso les servirá para aplicarlo en otras circunstancias, los hará autónomos.

Algunos "trucos" para recordar combinaciones y tablas

- Combinaciones a 10

  - Jugar a la casita robada de combinaciones a 10 (el 7 roba al 3, el 8 al 2, etc.).
  - Jugar con dados a formar combinaciones a 10.

- Tablas

  - Explicación general de las tablas: <www.youtube.com/watch?v=fPEeMmdOnN8>.

- Tablas del 1 al 5: generalmente se logran memorizar, o solucionar por conteo en escalas, pero existe también otra manera: <www.youtube.com/watch?-v=k699XwPtOY4>.

- Tablas del 6, 7, 8, 9, 10: <www.youtube.com/watch?-v=9tk71yBhRMI>.

- Multiplicar utilizando líneas: <www.youtube.com/watch?v=ouY1Fxhuh6o>.

- Tabla del 9: <www.youtube.com/watch?v=k8OtyH-DFj2o>.

➤ Video explicativo sobre discalculia: <www.youtube.com/watch?v=E-0Vo_6sky4M>.

Memoria

La memoria es una de las funciones cognitivas que generalmente se encuentra afectada en alumnos con DEA. Existen distintos tipos de memoria tanto a corto (memoria inmediata) como a largo plazo (memoria diferida):

- memoria visual,
- memoria semántica,
- memoria episódica,
- memoria espacial,
- memoria verbal y
- memoria de trabajo (verbal o visoespacial).

La *memoria visual* es la capacidad para recordar información basada en imágenes; la *memoria semántica* refiere al recuerdo del significado de las palabras, aunque no se recuerde el "nombre exacto"; la *memoria episódica* refiere a la capacidad para recordar hechos vividos (esta memoria es usualmente muy buena); la *memoria espacial* refiere a la capacidad para recordar ubicaciones o hechos en referencia al espacio. Todas estas memorias suelen ser una fortaleza en la persona con dislexia, por lo cual es importante promoverlas cuando tengan la necesidad de retener información.

Por ejemplo: para el estudio se puede acudir a la "actuación" de una temática para recordarla en forma episódica, o a la explicación con las propias palabras o a partir de pocas palabras para poder guardar el significado; también se puede recurrir a diagramarlo en forma colorida sobre un papel, como un mapa mental y así recordar en cuál esquina de la hoja o en qué ubicación se encontraba determinada información, o bien dibujar y poner imágenes que permitan evocar el tema de estudio.

La *memoria verbal* se refiere al recuerdo fonológico tanto de palabras como de información aprendida por vía auditiva. Esta memoria usualmente se encuentra afectada y con ella la dificultad en la "memoria de trabajo verbal" (que es la capacidad de retener información mientras se realiza otra tarea) en las personas con DEA. Esta afeción puede implicar tanto el recuerdo inmediato de información como el recuerdo diferido o capacidad para evocar información aprendida. Esto se hace evidente en situaciones de examen (donde deben evocar vocablos específicos para cada materia), o cuando se les solicita que apliquen la información que debiera haber sido automatizada, como el recuerdo de las tablas o las correspondencias letra-sonido. En función de esta dificultad es que se solicita muchas veces que los alumnos con DEA cuenten con tarjetas "ayuda-memoria" para las evaluaciones o bien que se les permita tener la tabla pitagórica o apoyo visual. Es muy frecuente encontrar que sustituyen una palabra por otra o que no recuerdan el vocabulario específico de la materia.

Como la mayoría de las evaluaciones está enfocada en el recuerdo de información, los alumnos con DEA se encuentran en inferioridad de condiciones en los exámenes. Si estos se diagraman para valorar su capacidad de razonamiento en lugar de su memoria, los alumnos con DEA tendrán altas oportunidades de demostrar que son capaces de lograr un buen aprendizaje.

Es de suma importancia que se evalúe en forma exhaustiva su potencial de memoria, dado que si bien la mayoría presenta un compromiso en la memoria verbal (y esto debe ser evaluado en el diagnóstico), gran parte muestra habilidad superior para la memoria visual y espacial. Las personas con DEA deben conocer sus áreas de fortaleza a fin de servirse de ellas para lograr mejores aprendizajes. El profesional diagnosticador tiene un rol importante en el señalamiento no solo de sus dificultades sino también de sus fortalezas.

IDEAS PARA FORTALECER LA MEMORIA VERBAL SOBRE UNA TEMÁTICA
• Mostrarles que pueden recordar mejor si se imaginan algo como en una película o lo actúan.
• Buscar fotos de aquello que quieren recordar y asociarlo a palabras relevantes del tema de estudio.
• Incentivarlos a que "dibujen" algunas palabras importantes del tema que están viendo o quieren recordar.
• Fomentar que hagan dibujos para explicar la lógica de algún tema.
• Promover el uso de esquemas con colores y pocas palabras, sobre los cuales "verbalizar" o explicar en voz alta, mirando el esquema, lo que desean retener.

Motricidad fina/grafomotricidad

Es frecuente encontrar que las personas confunden una mala letra con dislexia. La dislexia es una dificultad que afecta la lectura fluida. No implica el compromiso en el tipo de grafismo o letra lograda, sino que impacta en la ortografía. Ahora bien, muchas de las personas con dislexia presentan una letra poco legible. Esto sucede cuando presentan en forma conjunta (y no debido a la dislexia) dificultades en la grafomotricidad o motricidad fina, pero no es específico de la dislexia.

Para poder diagnosticar esta dificultad se administra una prueba específica como el conocido test gestáltico visomotor de Bender o alguna prueba similar. Si un bajo desarrollo en la grafomotricidad se condice con una escritura poco legible y con dificultad en el trazado, entonces se diagnostica lo que se conoce con el nombre de *disgrafía*.

La disgrafía es una dificultad específica para automatizar y lograr el trazado correcto de las letras a fin de que sea legible y que se ubiquen adecuadamente en el espacio gráfico determinado (renglón). Las personas que padecen esta condición tienden a tener dificultades en la copia, son más lentas y generalmente evitan situaciones de escritura porque les cuesta mucho trabajo pensar constantemente cómo trazar las letras, entonces no logran expresar por escrito las ideas que tienen en su mente. Si se les pregunta en forma oral, sus producciones son mucho más ricas. Sus cuadernos se encuentran incompletos o son difíciles de leer por la gran desprolijidad. También es frecuente que tomen en forma incorrecta el lápiz y que presenten dificultad en otras tareas que implican la motricidad fina (abotonarse, atarse los cordones). Si no se marca desde el inicio, tomar el lápiz incorrectamente es algo muy difícil de corregir y casi una tarea imposible porque la tendencia será volver a tomarlo como resulta más cómodo. Igualmente existen unos *grips*, que ayudan a guiar la toma correcta ya que disponen de lugares donde ubicar los dedos.

FIGURA 7.1
Grips para ayudar a la toma correcta del lápiz

Esta dificultad es tratada por terapistas ocupacionales cuando se detecta a tiempo (entre los 3 y 7 años), pero si se diagnostica luego de esa edad, es más difícil lograr que una persona mejore la letra porque el cerebro ya ha incorporado una manera de escritura que es difícil de borrar de la memoria.

Una solución efectiva es realizar el pasaje a tipografía *script* o más conocida como imprenta minúscula. Esta tipografía les resulta más fácil a los alumnos porque las letras no se encuentran enlazadas como en la cursiva y el trazado es más sencillo. En casos graves, se sugiere directamente la escritura en computadora.

CÓMO ABORDAR LA DISGRAFÍA

• Inicialmente corregir la toma del lápiz (se pueden usar *grips* para ello).

• Evitar la exposición al trazado de la letra cursiva.

• Luego de que se alfabeticen con mayúscula, pasar rápidamente a imprenta minúscula.

• Evitar escrituras o copias extensas.

• Priorizar la evaluación oral.

• A partir de sexto o séptimo grado pensar en que realice algunas actividades con la computadora.

➤ Les comparto un video corto pero con explicaciones prácticas sobre qué es y cómo se aborda la disgrafía: <www.youtube.com/watch?v=yX5sn-ndSyKc>.

Ortografía

Como dije en el capítulo 2, las faltas de ortografía son evidentes en personas con dislexia. A esta condición asociada se la denomina *disortografía*. Esta se manifiesta porque los chicos con dislexia tienen tanta dificultad en el inicio del proceso lector y en la activación de la zona del cerebro que reconoce visualmente las palabras, que no reparan en su forma escrita. Para cuando lo empiezan a hacer, en el cerebro ya existe la memoria visomotora de haberlas escrito una y otra vez de maneras diferentes, con lo cual, desconocen cuál escritura es la correcta.

Borrar de la memoria esas escrituras incorrectas es un proyecto prácticamente imposible, y las personas con dislexia nunca tendrán automaticidad en la escritura ortográfica (ortografía arbitraria). Es decir, siempre deberán pensar cuál es la forma correcta y remitirse a lo estudiado sobre las reglas, aspecto que demanda mucho tiempo y esfuerzo. Entonces, cuando están ocupados pensando en desarrollar una idea no pueden poner la atención en la ortografía. Si se le brinda una lista de palabras para estudiar y la pueden repasar una y otra vez, lograrán aprenderla para esa instancia, aunque después la vuelvan a olvidar.

Muchos adultos que no saben que tienen dislexia aseveran que no tienen fallas tan terribles o que las pueden corregir. Disortografía implica que no se consolida en forma automática, que es necesario pensar la regla para escribirla. Una persona sin dislexia cuando presenta duda ortográfica tiende a escribir las palabras de ambas maneras, y luego se fija visualmente cuál le parece mejor. Esa corrección por vía visual u ojo corrector no se encuentra activa en una persona con dislexia, porque no posee un patrón único y correcto de la forma visual de las palabras, base de la lectura fluida.

El tratamiento basado en la corrección de la ortografía es casi una pérdida de tiempo, es más, no debería ser un objetivo directo. La disortografía es persistente en la persona con dislexia. Puede mejorarse pero se necesita de la voluntad del paciente para hacerlo. Además, cada vez que quiera escribir en forma correcta ortográficamente necesitará de tiempo para chequear la ortografía según las reglas aprendidas (como está basada en reglas arbitrarias, se llama ortografía arbitraria). Por este motivo se solicita que se los exima de la corrección de la ortografía en situación académica.

Otros tipos de errores son los fonológicos o específicos, y remiten a omisiones o adiciones de letras, sustitución de una letra por otra, inversión o rotación de letras. Todos estos errores son de índole específica y no ortográfica. Estos errores sí pueden desaparecer con un fortalecimiento de la destreza fonológica, aunque no debe extrañar que vuelvan a aparecer en situaciones en las que el alumno se encuentra cansado cognitivamente.

Procesamiento lento

Es frecuente encontrar que las personas que padecen dislexia tienen un ritmo de trabajo más lento. De hecho, una de las acomodaciones básicas en las escuelas es ofrecerles mayor tiempo para realizar las actividades y evaluaciones. Lo que sucede es que cuando se tiene dislexia la persona se fatiga con facilidad porque debe realizar constantemente un esfuerzo mayor a quien no la padece, en procesos que para los demás son automáticos (recordar cómo suenan las letras, cómo se escribe, decodificar con precisión, comprender lo leído, interpretar vocablos difíciles).

Todo este proceso genera un compromiso mayor de la atención y de otras funciones ejecutivas del cerebro que provoca un procesamiento más lento y la consecuente fatiga. No se trata de personas lentas, sino que refleja que necesitan mayor tiempo para procesar la información. Darles más tiempo no siempre es la solución porque se encuentran altamente fatigadas y aun así, no lograrán rendir. Darles más tiempo otro día es una buena solución para esos casos. Estarán más frescos y con la mente descansada para poder rendir mejor.

Existe un grupo de personas con dislexia que muestra mayor dificultad en la memoria verbal y en la capacidad para evocar información (para traerla a la mente cuando se le solicita) que reflejan más lentitud que la habitual. Esto se detecta en pruebas que exploran la velocidad de procesamiento o velocidad de evocación. Generalmente en estos casos se ve una respuesta más lenta a la intervención. Es importante entonces evaluar adecuadamente esta habilidad, a fin de tener en cuenta el pronóstico y también para considerar darles las ayudas o apoyos adecuados a las dificultades de memoria que inciden en la velocidad de trabajo.

Asimismo es cierto que cuando la dislexia se encuentra asociada a otros trastornos como discalculia, disgrafía, trastorno de lenguaje o déficit de atención sin hiperactividad, el desgaste cognitivo es mayor, lo que produce indefectiblemente un procesamiento más lento. En estos casos es importante no solo darles más tiempo, sino también reducir la cantidad de contenido dado (pueden aprender lo mismo, pero con menos ejercitaciones) y darles ayudamemorias. En exámenes es preferible evaluar pocos objetivos o hacerlo en varias instancias porque les cuesta mucho tender redes cerebrales para múltiples contenidos o temáticas. Algunos llegan a un nivel de saturación tal que parece que no saben nada. El rol del docente es fundamental para estos alumnos que tienen derecho a aprender, pero se encuentran limitados por la multiplicidad de trastornos.

Autoestima

La autoestima refiere al concepto que cada persona tiene de sí misma y este se vincula directamente a la manera que tiene de percibir sus éxitos y fracasos. Es este concepto o idea de sí misma la que le permite afrontar situaciones nuevas o difíciles, dado que si se siente con recursos o capaz de resolverlas, las afrontará, y luego tendrá un *feedback* sobre lo realizado.

Una persona con buena autoestima enfrentará la situación difícil y si el resultado es positivo este retroalimentará su autoconcepto porque habrá confirmado que puede resolver situaciones, por lo tanto, que cuenta con los recursos para hacerlo como había pronosticado. Cuando lo que enfrenta excede sus posibilidades, la persona con buena autoestima podrá pensar que no empleó las estrategias adecuadas y deberá cambiarlas, pero podrá aprender de su error.

En cambio, una persona con baja autoestima tiene una percepción errada de sus éxitos y fracasos, y ante una situación en particular tenderá a atribuir el éxito a que la situación era muy fácil o el fracaso a que era muy difícil o bien a que él es un tonto. En todos los casos, no habrá reforzado su autoconcepto, pensará que no tiene recursos y no logrará aprender de esa situación en particular para realizarlo mejor la vez siguiente. Se encadenará una suerte de experiencias de inadecuada valoración que terminarán debilitando su autoconcepto general. Esta situación es frecuente en alguien con DEA, que enfrenta continuamente el fracaso escolar o un rendimiento inferior a su capacidad intelectual, más aún, cuando no saben que lo que les pasa es que tienen una condición particular que les genera las dificultades. Por esto, es bastante frecuente que tengan baja autoestima, y más aún cuando se detecta la dificultad en forma tardía.

Pongamos un ejemplo: si se enfrenta a un alumno con autoestima alta a una actividad como un dictado, intentará resolverla porque se siente capaz de hacerla, cree que cuenta con los recursos. Si el resultado es negativo, tenderá a revisar las estrategias que utilizó o bien pensará que la tarea era muy compleja, pero no impactará en su autoestima porque está acostumbrado a tener éxito. Pensará "debo estudiar mejor las reglas ortográficas" o también podrá decir "no vimos en clase lo que el profesor planteó", o "no lo comprendí bien, debería estudiarlo mejor". Pero si el alumno tiene baja autoestima y fracasa, entonces pensará: "soy un tonto, esto no lo puedo resolver", o bien "el profesor plantea cosas muy difíciles" y no podrá detectar qué es lo que estuvo mal o deducir una nueva estrategia para otra oportunidad. Si por el contrario, tiene éxito, pensará "el dictado era facilísimo" o bien "la maestra me ayudó", pero no podrá atribuirlo a su concepto o habilidades.

Este esquema que se apoya en la *teoría de la atribución* se da de manera perfecta en personas con DEA. Los alumnos con dificultades de aprendizaje son expuestos constantemente a situaciones de fracaso y reciben todo el tiempo un *feedback* negativo sobre su rendimiento, lo cual termina minando cualquier idea de que poseen habilidades. Además es real que tienen una dificultad y por más que hagan todo el esfuerzo del mundo, si no reciben ayuda especializada para compensarla, será muy difícil que puedan sobreponerse a ella. En este círculo, empiezan a sentirse tontos o con baja capacidad, lo cual se constata con las bajas notas y el *feedback* negativo de docentes y padres que (sin saber muchas veces que sus hijos tienen dislexia) les afirman que no estudiaron lo suficiente o que se quedarán sin tal o cual beneficio por la mala nota. Atribuyen los malos resultados a que no cuentan con los recursos suficientes o confirman su autoconcpeto de que no son inteligentes, en lugar de identificar exactamente cuál fue la falla (falta de estudio, extrema dificultad en lo planteado, etc.). Enfrentados continuamente a situaciones similares, su autoestima termina dañándose indefectiblemente. Atribuyen los resultados negativos a su falta de inteligencia y los positivos a un favoritismo del profesor o bien a una sencillez extrema de la actividad. Esto los lleva a evadir más y más el estudio, o a angustiarse ante las evaluaciones porque piensan que no van a poder enfrentar esa situación de manera exitosa.

Un componente fundamental de la autoestima surge de las expectativas de los adultos significativos. Si de ellos se obtiene un *feedback* negativo, entonces se habrá confirmado lo que los alumnos temían: que no son inteligentes. Padres y docentes suelen conocer las habilidades de estos alumnos en otras áreas, y sin saberlo los etiquetan como vagos en las áreas que implican la lectura y escritura porque saben "que pueden más" en otras áreas. Este *feedback* negativo incide directamente en la conformación de la autoestima.

A partir de esta concepción interna y mirada externa, los alumnos se vuelven incapaces de enfrentar nuevas situaciones de aprendizaje, pierden interés y muestran desgano, muchas veces como modo de evadir la situación. El instinto vital lleva a muchos alumnos a mostrarse desinteresados o desafiantes, como fuerza para expresar su pulsión de vida, es decir, necesitan tener una actitud rebelde para sentir que dominan parte de la situación, aunque en el fondo sienten una muy baja autoestima.

Hasta tanto no se diagnostique podrá confundirse el problema con algo puramente emocional o conductual. Cuanto más se tarde en diagnosticar la dificultad de aprendizaje, más comprometida estará la autoestima. Comprender que tienen una condición que les provoca esas dificultades y descubrir sus habilidades hará que poco a poco puedan ir confiando en sí mismos.

Esa visión completa la brinda un buen diagnóstico, el cual muchas veces al principio es un alivio. Sin embargo, no se puede sostener este alivio sin un cambio en los adultos que rodean al alumno. Se necesitan adultos que entiendan la singularidad de ese hijo o alumno, con sus dificultades y habilidades, y que puedan proponer situaciones en las que también se muestren fortalezas. Si esto no ocurre, el niño indefectiblemente se medirá por sus destrezas lectoescritas, las que son deficientes y hasta tanto no consiga cierta compensación no obtendrá buenos resultados.

En un inicio, todos nos evaluamos por lo que nuestros padres piensan de nosotros, y luego por los resultados que obtenemos. Así empieza la conformación de la autoestima.

Entonces el rol de los adultos es de suma importancia, tanto para la conformación inicial de la autoestima como cuando es necesario recomponerla.

A veces es necesario acudir a un especialista, sobre todo cuando el daño emocional es profundo. En ese caso será necesario trabajar en conjunto padres, docentes y profesionales para ayudar a sacar a ese paciente adelante. Pero cuando el origen de todo es una dificultad específica en el aprendizaje, por más que dediquen años a la terapia, si no se inicia un tratamiento específico, no se podrá recomponer la autoestima porque el niño seguirá sin tener los recursos para enfrentar las situaciones de aprendizaje.

Entonces, en presencia de una DEA, es importante priorizar el tratamiento psicopedagógico que apunte a la compensación de sus dificultades de aprendizaje. Durante ese tratamiento se podrá además ir trabajando la autoestima con recursos que el profesional formado dispone por su carácter de psicopedagogo. Sin embargo, en algunos casos en los que la frustración por las dificultades de aprendizaje ha afectado severamente el ánimo o se observan problemáticas conductuales simultáneas, será necesario realizar terapia conjunta con el psicólogo. Eso se determina en cada caso.

IDEAS PARA REFORZAR LA AUTOESTIMA EN CHICOS QUE NO SE VALORAN A SÍ MISMOS
• Darles encargos o tareas (para que sientan que confiamos en su capacidad).
• Darles un *feedback* puntual de qué hicieron bien o qué estuvo mal. Por ejemplo: en lugar de decirles "sos un genio", decirles: "¡Leíste diez minutos aunque tenías pocas ganas, genio!", "Estudiaste para la prueba y por eso te fue bien, bravo".
• Descubrir y resaltar un área de éxito, dado que se encuentran más expuestos a la frustración y a las áreas en las que no son exitosos. Por ejemplo: mandarlos a una actividad extraescolar donde se destaquen, o resaltar frente a los demás lo bueno que es cantando, dibujando, etc.

IDEAS PARA REFORZAR LA AUTOESTIMA EN CHICOS QUE NO SE VALORAN A SÍ MISMOS
• Enseñarles a aprender de los errores: reflexionar luego de algún fracaso y ayudarlos a analizar por qué ocurrió y qué pueden hacer para cambiarlo la próxima vez.
• Proponer tareas o actividades que toquen sus áreas de destreza.
• Ayudarlos a comprender su perfil particular de dificultades y habilidades.
• Diseñar acomodaciones escolares que les permitan mostrar su estudio y su aprendizaje, dado que muchas veces "estudian" mucho, pero luego no logran rendir por las características de la evaluación.

La universidad, ¿es posible?

El nivel académico de la población con dislexia es menor que el de la población que no sufre esta condición. Sin embargo, no es imposible alcanzar el nivel universitario y de hecho hay un gran número de adultos que sin saber que tiene dicha condición y a costa de mucho esfuerzo, de ayuda externa e incluso de gran compromiso de la autoestima, logran finalmente el grado universitario y luego son exitosos a nivel laboral.

Entonces, el grado universitario en alguien con dislexia no solo no es imposible, sino más bien totalmente posible. Pero es menos costoso si se identifica la dificultad en forma temprana, dado que se logra compensar el circuito de lectura y se adquieren mayores competencias que permitirán el alcance del grado académico sin la sensación de incompetencia, de tanta inversión de tiempo y ayuda externa.

Si un estudiante es tratado a tiempo y luego se le brindan recursos para el procesamiento de la información, la expresión oral y escrita, entonces se encuentra casi en igualdad de condiciones frente a los demás alumnos. Solo necesitará invertir un poco más de tiempo en el estudio porque la velocidad de lectura y de procesamiento de la información siempre será menor frente a alguien que no tiene dislexia. A nivel institucional, necesitará que se le permita utilizar un procesador de textos en el que pueda autocorregir los errores de ortografía y disponer de mayor tiempo para los exámenes. Por suerte, en el nivel universitario gran parte de los exámenes son orales, lo cual es una gran ventaja.

Es importante que se ayude a las personas con dislexia a elegir la carrera considerando sus fortalezas y no sus dificultades. Si bien hoy existen amplios recursos para compensar la falta de lectura fluida, elegir carreras que impliquen mucha lectura es una desventaja. Las personas con dislexia tienen generalmente alta capacidad para carreras que implican diseño y creación audiovisual. Muchos de los que terminan siendo exitosos profesionalmente eligen carreras como diseño gráfico, diseño industrial, arquitectura, decoración, diseño de interiores, marketing. La ventaja de elegir carreras basadas en las fortalezas es que podrán dar rienda suelta a sus habilidades y pasión, sin tantos escollos en el camino, porque la dislexia no desaparece, simplemente se aprende a compensarla.

Ventajas de la dislexia

Tener dislexia no siempre resulta algo negativo. Si miramos el hecho de que el cerebro se desarrolla en forma diferente, habremos descubierto que se desarrollarán más ciertas áreas que otra persona sin dislexia no necesita porque no precisa compensar nada. Esto hace que la persona con dislexia cuente con áreas con un desarrollo atípico que muchas veces se ubican en el nivel de talento porque son inesperadas tanto por su desempeño en otras capacidades como por su comparación con personas de la misma edad.

En el caso de la dislexia, el cerebro, que es eminentemente plástico, crea conexiones neuronales que una persona sin esta condición no hace, lo que genera que el aprovechamiento y desarrollo del cerebro sea mayor (sobre todo en el hemisferio derecho).

Por ejemplo, en estudios de neuroimagen se observa una activación de zonas del hemisferio derecho para la lectura que personas sin dislexia no activan. Si bien esto muestra que están haciendo un gran esfuerzo para leer, también denota que activan esas zonas y realizan conexiones interhemisféricas inusuales. Estas conexiones se asocian con un mayor sentido estético, alta creatividad, habilidad para el pensamiento paralelo y visoespacial. Suelen ser personas muy imaginativas, que se destacan en el arte, el dibujo, la música o la gimnasia. De hecho, se conocen grandes inventores, actores y creativos que se declararon disléxicos como Steven Spielberg y Bill Gates, entre otros. Se refleja también en la elección vocacional. Es frecuente que las personas con dislexia que conozcan sus fortalezas terminen eligiendo carreras vinculadas a la arquitectura, el diseño, el *marketing*, el cine, la actuación y el dibujo. Es menos frecuente que elijan carreras vinculadas a las humanidades o números, que implican mucha lectura y memoria verbal, aunque algunos son especialmente talentosos en matemáticas y terminan dedicándose a los números.

En la práctica de consultorio se puede ser fiel testigo de las ventajas que tienen las personas con dislexia, aunque también de sus dificultades. Pacientes con una voz espléndida, grandes creativos para hacer manualidades, excelentes oradores y presentadores, pequeños grandes dibujantes y —si se les brinda un modelo de disfrute de sus fortalezas y dificultades— con un gran sentido del humor.

He querido compartir algunos ejemplos de pacientes talentosos así que además de esta que presento aquí, incluí en el apéndice algunas ilustraciones que me sorprendieron y que nos sirvieron para trabajar la valorización de las capacidades más allá de la lectura y la escritura.

FIGURA 7.2

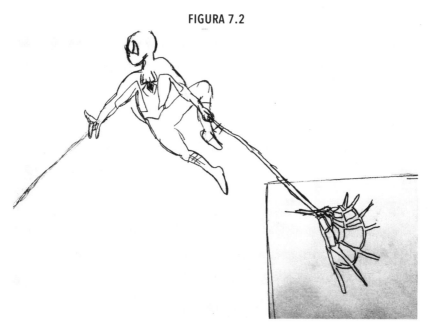

Este dibujo pertenece a Ian, un paciente que además de dislexia tenía problemas conductuales y familiares. El dibujo para él era un escape, un goce, y cada vez que "no quería trabajar", lo invitaba a dibujar, y el enojo con el aprendizaje se le iba. Hizo muchos dibujos como este, pero todos en el pizarrón y vidrio, le costaba dejarlo en una hoja. No quería hacerlo porque no era capaz de recibir un halago. El día que finalizamos el tratamiento me pidió una hoja y fue entonces que dejó plasmado el hombre araña que aquí ven. Creo que ya se sentía preparado para luchar solo.

La dislexia puede ser algo positivo

Las personas con esta condición se enfrentan a desafíos y dificultades desde muy temprana edad y eso puede de alguna manera prepararlos internamente para afrontar problemas. Son perseverantes y luchadores. En la vida casi nada les ha sido fácil, y eso los fortaleció. Quieren leer a pesar de que les cueste. Quieren demostrar que pueden. Tienen alto nivel de resiliencia. Están ansiosos de que les mostremos cómo hacerlo y tomar las estrategias para aprender en forma más eficiente.

Los pacientes con esta condición aprenden a aceptar las dificultades que implica y entienden que el mundo funciona de una manera diferente, que el resto de las personas aprenden de una manera distinta a la de ellos. Esto los hace desarrollar habilidades de autosuperación, que les permiten ponerse objetivos altos y luchar para alcanzarlos.

Por otra parte, si logran una autoestima sana y estable, son personas que pueden reconocer sus límites, pedir ayuda cuando la necesitan y valorar sus logros. Son conscientes de sus avances, pueden mirar para atrás, observar los cambios positivos en su desarrollo y aplicar de manera consciente lo aprendido para seguir progresando. Si una estrategia les sirvió y les dio resultado, la capitalizan de manera consciente en otras situaciones de su vida para lograr otros objetivos.

Gracias a la dislexia, aprenden desde pequeños a enfrentar dificultades. Si reciben la ayuda necesaria a tiempo, esta experiencia les será beneficiosa para enfrentar distintas situaciones de la vida. Impactará luego por ejemplo en su vida laboral, donde estarán armados para lidiar con dificultades y encontrar estrategias y respuestas creativas para sortear situaciones problemáticas.

Pero para que la dislexia pueda ser realmente una ventaja y no se afecte irreparablemente su autoestima, hay que acompañarlos y detectar a tiempo la dificultad de aprendizaje.

El cambio necesario

Desde las instituciones es importante promover un cambio en la mirada, un cambio en el punto de vista desde donde el docente observa al alumno. Como primera medida, es importante empezar a mirarlo "desde lo que el alumno es" y dejar de hacerlo desde "lo que no puede, o no es". Para que se produzca este cambio es necesario que el docente pueda conocer en qué áreas se destaca su alumno y proponerse, dentro de su planificación semanal, introducir actividades orientadas a encontrar aquellas habilidades en las cuales este alumno puede "aportar un nuevo punto de vista", "una mirada creativa", "una nueva perspectiva".

El docente debería poder devolverle al alumno una imagen real, que refleje tanto las áreas en las que se debe esforzar como aquellas en las que es naturalmente habilidoso. Mantener charlas con el alumno en las que se reconozca el esfuerzo que pone, proponer actividades donde se destaque y diseñar la enseñanza y la evaluación de manera tal que pueda ponerse en evidencia su capacidad de aprendizaje contribuirá a forjar una buena y ajustada autoestima.

Desde la casa es importante promover también esta mirada y apuntar a que se destaquen las habilidades no vinculadas con lo escolar, áreas en las que son talentosos. En la consulta suelo preguntar a los padres: "¿En qué se destaca su hijo?", y muchos no pueden descubrirlo porque su imagen se encuentra teñida por el bajo rendimiento académico. Es importante entonces que los padres puedan descubrir en qué son creativos sus hijos y fomentar situaciones en las que las habilidades se muestren. Es importante acercarlos a actividades extraescolares en las que disfruten, como canto, baile, deporte o dibujo. Es necesario compartir con ellos momentos en los que se pongan en juego sus destrezas y no solamente en la tarea escolar o en un rato de práctica de la lectura. Además, es fundamental hacerles notar en la casa que los valoran en toda la completud de su persona y no solo por su rendimiento escolar, para poder devolverles una mirada en la que se los valore por sus cualidades emocionales, sociales y creativas, y también por el esfuerzo en el ámbito escolar.

El mensaje que no debe faltar

El primer mensaje que alguien con dislexia necesita tiene que ver con informarle en qué consiste, qué afecta, cómo se llama y qué implicancias negativas y positivas tiene su condición. Según la edad de la persona se comunicará de una u otra manera. Para quienes la padecen es casi un alivio que les informen, por fin, que no son tontos y que no tienen un problema con la inteligencia, sino que tienen algo puntual, que no son responsables de haberlo heredado pero sí lo serán de salir adelante.

En niños pequeños de primer y segundo grado que no han experimentado gran frustración, quizás uno piense que no tiene tanto sentido llamarlo dislexia, pero es importante que lo sepan porque es una condición que los acompañará siempre y ya llegará el momento en que el rótulo les sirva para comprender cómo aprenden. En chicos más grandes, el rótulo es un alivio y fuente de comprensión de lo que vienen sufriendo a nivel escolar.

Entonces pongamos un ejemplo de cómo informarles:

¿Te acordás que fuimos a ver a la psicopedagoga que te hizo unos trabajos y juegos? Bueno, nos contó los resultados. Dice que sos un chico muy inteligente, es más, más inteligente que los chicos de tu edad, que tenés gran habilidad para inventar cosas. Tenés también muy buenas habilidades para las matemáticas y para el dibujo, pero te cuesta mucho leer y tenés errores de ortografía. Eso se llama dislexia y explica por qué no lográs leer tan rápido como los demás ni entender bien lo que leés. Pero se puede aprender a hacerlo y para eso necesitarás ir a la psicopedagoga a trabajar estrategias para leer mejor. Vamos a pedir al colegio algunas modificaciones para que puedas mostrar todo lo que estudiás (y se le informan las adaptaciones).

Es importante que el profesional les dé a los más grandes una devolución mostrándoles en forma gráfica los resultados, incluso algunos puntajes para, luego de trabajar un tiempo, poder mostrarles cómo con el esfuerzo de asistencia al tratamiento van mejorando. También es útil y didáctico mostrarles el dibujo del cerebro y señalarles las áreas que se activan cuando una persona lee bien y lo que sucede en alguien con dislexia. El tratamiento apuntará a activar las zonas vinculadas a la lectura fluida que no se activan en caso de dislexia.

Asimismo es importante informarles qué adaptaciones escolares necesitan y para qué se pide cada una, así podrán tomar conciencia de ellas y aceptarlas como medio para poder aprender mejor.

Si se da un caso de diagnóstico múltiple (por ejemplo: dislexia + disgrafía + discalculia), es recomendable empezar con un rótulo y en la medida en que el niño sea más grande poner nombre y apellido a cada dificultad. Puede priorizarse el rótulo de dislexia para que el paciente procese gradualmente cada condición, pero en el colegio es importante tomar conciencia de la multiplicidad de trastornos.

También es positivo mostrarles el ejemplo de personas conocidas con la misma condición o diagnóstico que, gracias a su dislexia o a pesar de ella, tuvieron una vida exitosa e incluso algunos hicieron alguna contribución a la humanidad.

Veamos algunos ejemplos reconocidos a nivel mundial:

Steven Spielberg	director de cine
Steve Jobs	creador de Apple
Bill Gates	creador de Windows
Walt Disney	productor, guionista, director y animador
Jennifer Anniston	actriz
Whoopi Goldberg	actriz
Tom Cruise	actor

Pero lo más vívido es contarles la historia escolar de los padres, porque seguramente alguno de los dos tiene esa misma condición. Entender que su padre/madre llegó a terminar el colegio, cursar la universidad y tener un buen trabajo a pesar de la dislexia es un ejemplo más fuerte que el de cualquier actor o famoso. En algunos casos el hijo podrá incluso superar a sus padres porque la dislexia se habrá detectado en forma más temprana y la abordará sin comprometer su autoestima como quizás lo hizo el padre.

El mensaje para los padres

Los padres suelen tomar distintas posiciones frente a su hijo, lo cual influye en la propia aceptación de la condición. En algunos casos, pueden adoptar una actitud de sobreprotección, porque intentan proteger a su hijo del riesgo y las diferencias en cuanto al trato con él en el colegio y con sus pares. En esta posición, muchos padres tratan de allanarle el camino a su hijo, evitarle los sufrimientos e intentar solucionar todas las dificultades que se le presenten. Estos padres se convierten en revisadores compulsivos de mochilas y cuadernos, se quejan de las correcciones y ejercicios dados por los maestros enfrente de sus hijos, corrigen cualquier error de escritura para evitar que los corrija el docente, etc. Esta actitud, a la larga, no es beneficiosa, ya que no le permite a su hijo tomar contacto con su dificultad ni con sus áreas de habilidad. Los alumnos con estos padres suelen ser muy dependientes y generalmente dejan tareas incompletas en el colegio porque esperan llegar a casa para recibir la ayuda de los padres. Sienten que no pueden solos. La extrema sobreprotección termina dañando el autoconcepto.

En otros casos, los padres pueden tomar una actitud de "negación". Intentan minimizar la problemática y dejar que su hijo resuelva "como pueda" las dificultades cotidianas que se le presentan. En un caso extremo deciden reubicarlo en un colegio más fácil, porque consideran que su hijo no cuenta con la inteligencia o recursos suficientes para cursar en el colegio al que asisten sus hermanos. Esto produce frustración y sentimiento de baja autoestima, dado que el paciente no cuenta con la contención emocional que necesita y la mirada negativa de los padres no hace más que afirmar que no son lo suficientemente inteligentes.

En el mejor de los casos, los padres lograrán aceptar y tomar conciencia de las implicancias de este trastorno, e intentarán apoyar afectivamente a su hijo. Para que esto suceda, es importante que el profesional pueda explicarles bien en qué consiste la dificultad, mostrarles el fundamento neurobiológico, lo que se sabe acerca de las posibilidades de compensación de la dificultad y qué áreas se verán afectadas. Qué se necesita en el ámbito escolar para que su hijo pueda cursar en forma efectiva y qué pueden hacer ellos para colaborar desde la casa.

Idealmente, los padres deben ser los primeros en tomar conciencia de la dificultad. De acuerdo a cómo sea su mirada será la aceptación que realice su hijo. El padre debe comprometerse a llevar a su hijo al tratamiento con la frecuencia necesaria, brindar las ayudas extraescolares o de apoyo que se dispongan (por ejemplo: leerle un libro si es que el alumno no logra hacerlo por sí mismo), y ser mediadores de sus hijos, cuidando que el colegio cumpla con los acuerdos establecidos y las adecuaciones pertinentes, pero a la vez otorgando a su hijo la autonomía y autoconfianza en sus propias posibilidades.

EL MUNDO NECESITA DE LA DISLEXIA

Definitivamente necesitamos personas con dislexia. Necesitamos de su mirada intuitiva, flexible, atemporal. De su gran capacidad creativa. Necesitamos de niños luchadores que, con la contención necesaria, aprenden a afrontar una dificultad que se les plantea en forma innata, y que luego se verá reflejada en una actitud de jóvenes y adultos luchadores, que pueden enfrentar situaciones problemáticas con fortaleza emocional. Necesitamos de la creatividad que tienen las personas con dislexia, de su capacidad asociativa y de su gran inclinación a crear y generar cosas nuevas. No podemos dejar escapar su alta capacidad oscureciéndola con el fracaso en el aula por no cambiar la manera de enseñar y de evaluar. Necesitamos de sus habilidades, necesitamos alumnos con dislexia que tengan alta autoestima para que puedan transmitirnos su particular manera de ver el mundo, para que contribuyan desde su gran sentido y originalidad de pensamiento.

El mundo está cambiando. La enseñanza debería cambiar. Llegará el día en que tener dislexia sea un beneficio conocido. Si la educación empieza a potenciar la enseñanza basada en el razonamiento, la asociación, la actitud crítica, las personas con dislexia empezarán a brillar en las aulas. Servirán como modelos de pensamiento. Precisamos su particular contribución en una sociedad marcada por la tecnología que avanza más rápido que cualquier teoría. Y necesitamos también adultos flexibles que comprendan que la enseñanza debe ser dirigida a aprendices de múltiples estilos y no solo a aquellos que aprenden de manera lineal o verbal. Necesitamos entonces disléxicos que les hagan darse cuenta a los maestros que tienen escondidos muchos recursos de enseñanza que no están siendo aprovechados. La dificultad de unos a veces genera el desarrollo del potencial de otros. Que la realidad de la dislexia haga que finalmente se animen a cambiar cómo enseñar y que se comprenda a nivel sociedad que no hay una sola manera de enseñar y tampoco una sola manera de aprender.

Capítulo 8

El papel de la tecnología

Empecé a preocuparme por mi hija Guada, ya en sala de 4 años, cuando me di cuenta de que le costaba recordar el nombre de los colores, los objetos cotidianos o comidas, pero comprendía perfectamente cuando se los nombraba en alguna conversación. En sala de 5 se cambió de colegio y pasó la evaluación sin inconvenientes, terminó siendo escolta pero en primer grado aparecieron dificultades más evidentes. Los cuadernos incompletos, nunca sabía cuál era la tarea, era imposible hacerla estudiar. Confieso que me ponía muy nerviosa. Sobre la segunda parte del año no toleré seguir con la duda y avanzamos sobre la evaluación psicopedagógica. Ahí apareció la explicación a todas mis dudas: dislexia.

MAMÁ DE GUADALUPE, NIÑA QUE FUE DIAGNOSTICADA CON DISLEXIA Y QUE ACTUALMENTE CURSA SEXTO GRADO

La gran aliada

La tecnología debe ser hoy en día nuestra gran aliada. Muchos procesos se facilitan sobre la base de los adelantos tecnológicos, y si bien es necesario seguir enseñando a leer y escribir, con los apoyos tecnológicos se logra llegar más lejos, sobre todo a quienes leer o escribir les resultará siempre una tarea ardua y de gran consumo de tiempo, más allá de que logren compensarla.

Los recursos de los que disponemos son muchos y a veces es difícil elegir cuál es el mejor para cada caso. Lo importante es saber para qué los utilizamos y cuál es la función de cada uno. No se aprende por el mero hecho de utilizar una *tablet* o un programa computarizado. Todo tiene que tener un sentido y una meta. Así sabremos que se utilizará en forma eficiente.

La tecnología puede servir tanto para enseñar como para sustituir habilidades que no se logran por otra vía, y también para aprender en forma autodidáctica o para evaluar aprendizajes alcanzados. Para la enseñanza existen muchas páginas con juegos *online*. Es importante tener conocimiento de su existencia, pero además saber cómo implementarlos. Para evaluar pueden emplearse los mismos recursos utilizados para la enseñanza, o pedirles a los alumnos que armen presentaciones, videos o cualquier dinámica que implique tecnología, y aplicar lo visto en clase. Estos modos los motivarán y los obligarán a procesar la información de manera tal que terminarán aprendiéndola mucho mejor que si la hubieran tenido que memorizar.

A continuación se brinda un listado de aplicaciones, sitios y programas que pueden ser de ayuda para asistir a personas con dislexia u otras dificultades de aprendizaje y para que refuercen habilidades en la casa o aprendan destrezas particulares.

Entonces, no se trata solamente de usar la tecnología, sino de saber cómo utilizarla y qué habilidades se necesitan para eso.

Aplicaciones según la habilidad

Escritura

Las habilidades importantes que sustituyen la escritura manual son dos: convertir de voz a texto o escribir con teclado.

Voz a texto

Existen programas que escuchan lo que uno dicta y lo transforman en texto escrito. Para lograrlo es importante saber hablar en forma pausada y chequear que lo que se escriba sea correcto. Luego se debe editar lo escrito tanto para corregir posibles errores en la transcripción oral-escrito como para organizar la redacción.

Dictarle a un dispositivo/computadora

- Saber hablar pausado y modulando.

- Poder organizar ideas oralmente.

- Editar lo escrito en busca de errores de transcripción.

- Editar el contenido para lograr una organización coherente.

- El teclado del iPad tiene la función de poder dictarle por voz (imagen de micrófono). Para que funcione es necesario tener activado el Siri y hablar en forma pausada. También deben dictársele los signos de puntuación.

- Los teclados de *tablets* o teléfonos Android también disponen de esta función, aunque no todos. En Android la función está siempre disponible para escribir *e-mails* o notas de voz.

FIGURA 8.1

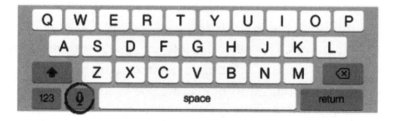

- En Google Docs, también se encuentra la función de dictado de los textos, los que luego pueden bajarse a formato Word. No siempre viene activado.

Escribir en teclado

Otro recurso es tipear la información (escribir en teclado), para lo cual es fundamental que se logre un ritmo automático, utilizando todos los dedos y que no sea necesario mirar el teclado, para que toda la energía pueda estar volcada en la organización de las ideas. Este proceso requerirá igualmente de la posterior edición para corregir posibles errores en el tipeo y en la organización del texto.

Tipear en la computadora

- Escribir con todos los dedos.

- No mirar el teclado mientras se escribe.

- Editar lo escrito en busca de errores de tipeo.

- Editar el contenido para lograr una organización coherente.

Typing Master

Es un programa que cuenta con doce lecciones para aprender a tipear utilizando todos los dedos. Es una habilidad muy importante para que escribir en computadora resulte realmente efectivo, ágil y automático. De esta manera se podrá dedicar la vista y la mente a pensar en lo que se escribe y no dónde están las letras. Es un programa disponible en inglés, francés y español. Puede continuarse en distintos momentos y guarda siempre la información de la lección. Sugiere práctica en aquellas teclas que generan dificultad y brinda un perfil de rendimiento general, en cada tecla y lección realizada.

Edición del texto

El chequeo de la ortografía, gramática y puntuación viene integrado en el Office. Es importante ayudar a las personas con dislexia a detectar estos errores y que tengan noción de qué tipo de error señala cada color. El verde indica error gramatical/sintaxis; el azul, error de acentuación, mientras que el rojo marca falta de ortografía o palabra desconocida por el diccionario. Luego de escribir es fundamental que se aprenda a editar el texto. Gracias a los adelantos en programación, el Office corrige en forma más precisa y se puede confiar en las sugerencias de corrección. Muchos tienden a aceptar una corrección automática sin reparar en que la gran mayoría de las veces se ofrecen sugerencias que se deben confirmar de acuerdo al contexto en el que se escribe. En este punto, el estudio de la teoría ayuda a tomar decisiones. Si bien la persona con dislexia será por siempre disortográfica, podrá valerse de la teoría y de las sugerencias de corrección para ser más precisa en su escritura.

Lectura

Texto a voz

Cuando la lectura se hace trabajosa o requiere de mucho esfuerzo, se puede acudir a la tecnología como sustituta del acto lector. Para esto se debe disponer de textos en forma digital o bien leer directamente lo que se brinda en Internet. Existen diversas herramientas que pueden cumplir esta función, algunas mejores que otras. Si bien el contar con un lector facilita un proceso, es importante que se disponga de la concentración y la cognición en el procesamiento de dicha información, de lo contrario, se tenderá a la dispersión. Una buena manera de lograrlo es la toma de apuntes, con el beneficio de que se puede pausar la lectura y volver a activarla o incluso volver hacia atrás.

• Los dispositivos Apple tienen la posibilidad de seleccionar cualquier texto y presionar "leer selección" si es que fue activada anteriormente desde la configuración.

• Los dispositivos Android no traen esta función instalada pero se puede bajar desde el Playstore de Google (Text to speech o Text to voice o TTS reader).

• También se puede bajar la versión para la computadora o directamente pedirle al traductor de Google que lo lea (haciendo copia y pegándolo en el traductor). Aparece un signo de parlante y se lee lo seleccionado en el idioma de selección. En esta función no se puede "pausar" y continuar, sino que si se detiene volverá a empezar desde el principio.

• Balabolka es un programa gratuito que permite escuchar y guardar los textos como archivos de audio en formato WAV, MP3 y WMA. El funcionamiento es sencillo: se escribe el texto, se selecciona la voz que lo leerá y se escucha el resultado. Balabolka Portable incluye una voz por defecto, pero es posible descargar más desde la misma página del autor. El texto se puede editar, se puede escribir mientras se escucha lo que se lee, se puede escuchar lo que se escribe y entonces corregir errores.

• En Office también figura la opción de leer textos a partir de la versión 2013, pero debe ser activada en forma manual. Junto a la barra de acceso rápido hay que hacer clic en "Personalizar barra de herramientas". Luego hacer clic en "Más comandos", luego en "Todos los comandos disponibles".

Se debe desplazar la lista hasta el comando "Leer", seleccionarlo y hacer clic en "Agregar". Luego aceptar. Cuando se lo quiera utilizar, hay que activarlo desde la barra de herramientas de acceso rápido. Es un comando que funciona pero si se pone detener, luego se inicia desde el principio del texto seleccionado y es necesario volver a seleccionar lo que resta por leer.

- Los archivos PDF pueden abrirse como documentos de Word y así utilizar la misma herramienta de lectura descripta. Para que se ajuste el acento de la voz lectora, es importante seleccionar el idioma del texto en el margen inferior izquierdo.

- También puede activarse manualmente la función de lectura del Adobe Reader para poder escuchar los archivos que se envían en PDF. Para lograrlo se debe ir a la barra de herramientas, seleccionar la opción "Ver", luego "Leer en voz alta", "Activar lectura en voz alta". Luego se selecciona el párrafo o página que se desea leer. Es importante notar que el idioma predeterminado es inglés, por lo cual será necesario bajarse un lector de voz para Adobe Reader en español, al cual se accede en forma gratuita en Internet.

Comprensión lectora

Para comprender textos se necesitan de muchas habilidades, pero una dificultad muy frecuente y que la tecnología puede asistir rápidamente es el uso de un diccionario *online* para palabras que se desconocen, porque gran parte de la comprensión depende del vocabulario. También se puede solicitar a los resultados web que brinden la información de la palabra en imagen, lo cual fijará el significado en forma de memoria visual y semántica, y no se dependerá únicamente de la memoria verbal que suele ser débil en personas con DEA. Entonces, el camino recomendado para incrementar el vocabulario es buscar la definición con una aplicación de diccionario, y luego buscar la palabra volcando los resultados de Google o del buscador en imagen.

- En Google Docs se puede sombrear la palabra y presionar el botón derecho del *mouse*, ante lo cual aparecerá "Buscar en diccionario" o "Explorar en la Web". Requiere conexión. Aparecerá una ventana al costado derecho con las posibles definiciones, imágenes o información relacionada.

- Existe también una aplicación que puede utilizarse *offline* que se llama *Wordreference*, la cual es muy útil para que los estudiantes consulten desde su celular el significado de palabras desconocidas. Se puede solicitar la definición o bien sinónimos y antónimos. Cuenta con el excelente recurso de poder escuchar el resultado. También contiene diccionarios en todas las lenguas y un traductor <www.wordreference.com>.

La comprensión lectora también depende de cuán bien se procese la información, es decir, cuánto se va asociando y razonando a medida que se lee.

- Para ayudar al procesamiento de la información se puede marcar el texto con un simple subrayado o utilizando el resaltador del Word (se puede elegir con qué color resaltar). Esta función también está presente en archivos PDF. Esto permite realizar una lectura lenta, resaltando ideas centrales para luego volver a repasarlas.

- Asimismo, se pueden agregar comentarios al texto, tanto en Word como en PDF, y guardarlos en el archivo. Allí se pueden anotar dudas, resumir una idea, registrar una definición de una palabra buscada en el diccionario.

Fuentes de información

Hoy en día la información está disponible no solo en libros o textos, sino también en diversos formatos. Leer ya no es el único medio para aprender u obtener información, sino que está disponible en videos, audios y tutoriales a los que se puede acceder en forma gratuita y sencilla. Es importante formar a los alumnos en cómo obtener la información, cómo seleccionar páginas confiables y transmitirles la necesidad de hacer algo con ella (procesarla) para que pueda ser realmente apropiada, incorporada.

- Primera búsqueda de información: una alternativa muy interesante para utilizar la Web es realizar una primera búsqueda por voz, "preguntándole a Google". Se establece una suerte de diálogo, luego "Google" responde leyendo la información encontrada, generalmente una definición.

- Búsqueda web: cuando buscamos en la Web tanto en forma oral como escrita, aparece toda la información integrada: imágenes, videos, texto, links a páginas, diccionarios. Este tipo de búsqueda es muy amplio y se recomienda tener un objetivo en mente primero o un sistema. Una recomendación es buscar primero imágenes (para activar conocimientos previos), definición (para tener una idea general del tema), texto simple (para entender la estructura del tema), videos (para apoyar la comprensión), y por último texto complejo (para profundizar la información).

- Imágenes: la búsqueda de imágenes sobre un tema en particular puede llevar a alguna página de interés. Las imágenes son atractivas, despiertan lo que se denomina *conocimientos previos* sobre un tema y favorecen la comprensión posterior de un texto, por eso se recomienda iniciar la búsqueda por imágenes.

- Wikipedia: inicialmente se desestimaba el uso de esta fuente de información. Se pensaba que por ser una enciclopedia de "conocimiento colectivo" no era fiable. Sin embargo, el sistema de chequeo de la información y fiabilidad de los datos es muy estricto y con el aporte a nivel mundial se ha transformado en una fuente de información totalmente confiable. Para una primera búsqueda es muy útil. Puede seleccionarse el texto y hacer que la computadora o dispositivo lo lea si se dispone de esa función.

- Presentaciones Slideshare, PowerPoint, Prezi: existe una gran comunidad de usuarios que comparten sus publicaciones en formato presentación. Suelen ser incompletas o pobres en contenido, pero muchas veces dan una idea general sobre un tema que se quiere investigar.

- Videos: la fuente más popular de videos es YouTube. Se trata de una red de videos subidos por los usuarios. Algunos se dedican a armar tutoriales o videos instructivos. Generalmente estos son los más completos y confiables. Pero es importante enseñar a elegir videos y también a seleccionar aquellos que tienen imágenes y un vocabulario más específico a la materia o asignatura en cuestión. Hay que señalar lo provechoso de que mientras miran el video tomen nota de los puntos importantes, escuchen, se detengan e intenten contar lo que escucharon.

Programas para ayudar con el estudio

Cmaptools

Es una aplicación que permite crear mapas conceptuales web, que incorporen archivos adjuntos o enlaces a otras páginas. Si se cuenta con conexión a Internet, se puede "interactuar" con el contenido haciendo clic en los links. También se puede compartir el mapa con un compañero <cmaptools.uptodown.com/windows>.

Educreations

Es una aplicación disponible para equipos Apple. Permite crear sesiones donde se realiza un video sobre la base de un cuadro o mapa conceptual, y luego se puede grabar por encima la explicación. Es decir, un alumno puede generar el esquema y luego memorizarlo escuchando o viendo repetidamente cómo lo creó. Se le puede insertar imágenes y voz. Es una aplicación muy adecuada para alumnos con dislexia porque permite visualizar los contenidos <www.educreations.com>.

Aprender a estudiar

Es un programa gratuito que dispone de ejercicios e ideas tanto para mejorar la lectura fluida como para aprender a subrayar, hacer esquemas y memorizar <ntic.educacion.es/w3//eos/MaterialesEducativos/mem2006/aprender_estudiar/index2.html>.

Páginas de interés con juegos y contenidos

Mundo primaria

Es una página con contenidos y juegos para practicarlos. Están organizados por grado escolar, desde primer grado hasta sexto. También contiene cuentos para practicar lectura y ejercicios de comprensión lectora <www.mundoprimaria.com>.

Oxeducation

Es una página con aplicaciones diversas, pero fundamentalmente tiene tres aplicaciones de interés para practicar conocimientos básicos de números y letras (oxland), conciencia fonológica, lectura comprensiva (oxbooks) y cálculo mental (calculandox). Las tres aplicaciones pueden utilizarse en la computadora, en el celular o en la *tablet* y están disponibles para Apple y Windows <oxed.com.ar>.

- Oxland. Tiene actividades muy atractivas, lúdicas e instructivas para niños de 5 a 8 años, basadas en nociones básicas de lengua y matemáticas (conciencia fonológica, conteo, problemas, lectura). Puede usarse tanto en forma individual como para realizar actividades en el colegio, con una pizarra interactiva.

- Oxbooks. Es una aplicación para promover la lectura y la comprensión de textos. Cuenta con seis niveles de complejidad. Los cuentos son de temáticas tradicionales y tienen actividades de comprensión lectora *multiple choice*. También están señaladas algunas palabras complejas sobre las que se puede cliquear y obtener la definición.

Asimismo, dispone de recursos para señalar las palabras mientras se lee a mayor o menor velocidad.

- Calculandox. Es una aplicación que dispone de múltiples actividades y juegos acordes a los contenidos matemáticos curriculares presentados de manera amigable e interactiva. Puede regularse el nivel de complejidad. Puede utilizarse en forma individual o también presentarse en el colegio en una pizarra inteligente o interactiva.

Santillana digital

Cuenta con libros digitalizados para todos los grados escolares y todas las temáticas. Puede utilizarse en el aula para trabajar con todo el grupo o bien para que los chicos realicen actividades en casa vinculadas a la currícula escolar. Como los textos están digitalizados, pueden leerse en forma digital <www.digital.santillana.es>.

Estrada digital

Esta editorial también cuenta con la versión digital de sus libros y manuales. Al igual que Santillana, permite utilizarlos en el aula con todo el grupo o proveerles de material a los alumnos, especialmente a aquellos que necesitan de un lector multimedia para la lectura <www.estrada-digital.com.ar>.

Anaya digital

Al igual que los dos sitios anteriores, dispone de libros de textos en versión digital y complementarios para que los alumnos trabajen en la casa <www.anayaeducacion.es>.

Libros digitales

- QUE DE LIBROS. Es una página con amplia diversidad de libros en formato digital, tanto en español como en inglés. Algunos se pueden comprar pero fundamentalmente se pueden compartir en forma gratuita entre los usuarios luego de hacer tres comentarios a libros leídos. Es posible convertir los títulos a formato Kindle. Para eso existe una página *online* donde se puede subir el archivo para convertirlo al formato deseado <www.quedelibros.com>, <www.online-convert.com/es>.

- BIBLIOTECA DIGITAL ARGENTINA. Es una página subvencionada por el gobierno argentino que cuenta con libros en formato PDF para descargar en forma gratuita, desarrollada dentro del marco "Conectar igualdad" <bibliotecadigital.educ.ar>.

- EL LIBRO TOTAL. Es una biblioteca digital donde se puede buscar libros y dispone de un botón para que el libro sea leído. También se pueden hacer notas o comentarios, e incluso enviarlo por mail a otra persona <www.ellibrototal.com>.

- CALIBRE. Es una aplicación que permite bajar obras en formato para libro electrónico o *e-book* o Kindle. La biblioteca digital de la cual se obtiene la información se denomina Integrar (Biblioteca de la Ciudad de Buenos Aires). También permite convertir información web para leerla luego en un *e-book* <calibre-ebook.com>, <integrar.bue.edu.ar>.

- *E-BOOKS*. Kindle es una aplicación creada por la tienda virtual Amazon.com para la lectura de libros en formato digital (*e-books*). Permite comprar, almacenar y leer libros digitalizados. También dispone de un aparato para leerlos. En Google Play y Apple Store también existen aplicaciones para la lectura de libros e incluso se puede bajar la aplicación Kindle para leer en cualquier dispositivo. Lo interesante es que guarda el lugar exacto en el que se dejó la lectura y se asemeja mucho a tener entre manos un libro. Pueden tener la función leer del dispositivo o procesador. Los libros son sincronizados en todos los dispositivos con la misma cuenta.

Programas y aplicaciones para tablet

A continuación, se brindan nombres de aplicaciones útiles para que los niños practiquen distintas destrezas. Son aplicaciones con finalidad educativa y que pueden ser usadas para reforzar distintas habilidades. Están disponibles en sistema iOs (Apple Store) y también para Android (Google Play).

ESCRITURA	Mágico ABC.
	Leer + escribir.
	ABC 123
	Writer free.
	ABC Big Trace.
	Palabraz (ortografía).

LECTURA	Lola ABC.
	Aprendin.
	CI niños.
	ABC Spanish Reading Magic.
	Juego letras (vocales).
	Reading skill español.
	Spanish ABC.
	Children's Tales (Cuentos en español y otros idiomas).
	Grade k-4.
	PlayTales (en español e inglés) cuentos interactivos.
	Cuentos para Dormir: HD.
	BPT-Educational Storybooks for children (inglés y español) para lectura y comprensión.
	Enséñame a leer con Paula/Teach me to read with Paula (práctica progresiva de la lectura).
	CreaAPPCuentos (para crear cuentos).
	Speedreading: ejercicios de lectura veloz.
	Cuepromter: aplicación para leer con el texto en movimiento.
	Cuentos clásicos (Caixa Bank): se puede leer lo escrito, hacer que se lea e interactuar con los textos.
	Chocolapps: cuentos interactivos con imágenes, video y audio.
	I read/Yo leo: cuentos con comprensión lectora en inglés y español.
	Cuentos infantiles para niños disponible en varios idiomas.

MATEMÁTICA	Reflex Math (iPad). Spanish números 1 to 100. AB Math Expert. Starwish Counting 101. 123 Balloons. Problemas: Math word problems (inglés). Math Board. Splash Math. Madagascar Math Ops.
ATENCIÓN	Find it match it. Crazy copy. Sudoku lite. 7 differences by chocolapps. Guess who/quién es quién. Tangram. Zogaj. Whats the difference. Spot it.
RAZONAMIENTO Y AUTOINSTRUCCIONES	4 fotos 1 palabra. 4 pics 1 wrong. Rush Hour. Block Hexa. Flow.
ORGANIZADORES VISUALES DEL TIEMPO	Kids timmer. Activity timmer.

Apéndice

En mi caso tuvimos que sacarle a Simón un certificado de discapacidad, para que la obra social nos pueda cubrir su tratamiento y para que pueda estar integrado dentro del colegio. Hoy en día, gracias a la ley eso no va a ser necesario, ya no vamos a tener que rotular más a nuestros hijos como discapacitados y no van a tener que sufrir más. Así que hoy dislexia no es una mala palabra, es una buena palabra, es bueno decir "nuestros hijos son disléxicos", ellos mismos se dicen disléxicos y gracias a eso están saliendo adelante porque se les da el tratamiento adecuado. Sin la ley seguiría necesitando un certificado de discapacidad para un nene con dislexia. Eso sí es rotular, pedir un certificado de discapacidad para un chico con dislexia.

MARINA, MADRE DE SIMÓN, NIÑO CON DISLEXIA

Un poco de historia

El concepto *dificultades específicas del aprendizaje* se usó por primera vez en Estados Unidos en el siglo pasado. Un grupo de padres empezaron a luchar por el reconocimiento legal de las dificultades a fin de que sus hijos contaran con el servicio de asistencia necesaria y que pudieran ser ubicados en la escuela pública, cosa que lograron cuando se sancionó la ley por primera vez en 1969. Luego, en la medida que las investigaciones aportaban conocimientos más precisos sobre las problemáticas, se fue especificando la legislación con mayor claridad. En los años noventa, por ejemplo, se quitó el nombre de *discapacidad* de la ley y se les permitió el acceso a la currícula común a los alumnos con dificultades de aprendizaje (*learning disabilities*).

Como en todos los países, dentro de las DEA, la condición que lideró la lucha tuvo siempre que ver con la dislexia, dado que fue una de las primeras en estudiarse y conocerse más. Gracias a la investigación y al trabajo dedicado de padres, fue posible establecer este diagnóstico y reconocer los servicios a los que debían acceder quienes la padecían.

Si bien en Estados Unidos se formalizó la ley hace más de treinta años, los demás países tardaron en seguir estos pasos, aunque poco a poco fueron plegándose al mismo pedido. Hoy en día, la ley que pone en igualdad de condiciones a los alumnos con DEA en cuanto les brinda asistencias de acceso o metodológicas para poder cursar la currícula común, existe en muchos otros países como España, Italia, Inglaterra, Grecia y la Argentina.

Disfam Argentina

Hace tan solo tres años, pero años en los que se hizo mucho, se formó en la Argentina una asociación de familias de alumnos con dislexia, la DISFAM Argentina, que tomó el nombre de DISFAM (dislexia y familia) de España. A partir del empuje de una madre que creó esta asociación en España, se logró la ley en dicho país, y luego sus miembros tuvieron la generosidad de asesorar a un grupo de padres en la Argentina liderados por el doctor Gustavo Abichacra que junto con María Arabetti y un grupo pujante de padres y profesionales se pusieron al hombro el objetivo de hacer de la dislexia y otras DEA un trastorno visible. El objetivo principal fue crear conciencia en instituciones y en la sociedad para que se mejoraran las condiciones de enseñanza y aprendizaje y estos alumnos pudieran tener una mejor calidad de vida, recibir tratamiento temprano y así poder compensar sus dificultades en forma exitosa. Esta asociación que empezó en Buenos Aires, hoy ha llegado a innumerables ciudades y provincias, y brinda asesoramiento, contención y capacitación a padres, docentes y profesionales, y también trabaja para obtener una ley que ampare a los alumnos con dislexia y otras dificultades de aprendizaje.

Ley de las DEA en la Argentina

Impulsada por la asociación de padres DISFAM Argentina y por la unión de fuerzas y luchas de padres, docentes, profesionales y políticos con el doctor Gustavo Abichacra como guía, el pasado 4 de noviembre de 2016 se publicó en el *Boletín Oficial* la ley nacional de dislexia y otras DEA con el número 27306. La ley brinda las pautas de adaptación que necesitan estos alumnos, promueve la capacitación docente y la detección e intervención temprana de las dificultades, así como también la posibilidad de que las obras sociales reconozcan el tratamiento que estos chicos necesitan. La ley está redactada en forma muy clara y precisa, por lo cual es de aplicación directa.

En provincias como Catamarca, Neuquén y Tucumán ya se cuenta con la aprobación de la ley provincial y también existen asociaciones de padres (en Tucumán se encuentra DISFAM Tucumán). Otras provincias están trabajando en la adhesión a la ley nacional.

Esta ley es un gran logro que llevó tiempo y esfuerzo, pero es el comienzo de un largo camino. Queda aún mucho trabajo por hacer en cuanto a su difusión, para que la dislexia y otras DEA sean detectadas y los chicos sean ayudados a tiempo sin comprometer su autoestima y su calidad de vida. Para que esto se logre es importante que se siga trabajando en conjunto, cada uno desde su lugar, en forma colaborativa. Las instituciones enfrentarán ahora un gran cambio ya que deberán formarse, contar con herramientas de detección precoz y asistir a sus docentes para que realicen las adaptaciones metodológicas necesarias. Los cambios cuestan, pero son posibles. Los profesionales debemos dar a conocer las DEA y no solo la dislexia, porque existen otras dificultades que son menos conocidas pero impactan del mismo modo en la vida de los alumnos, como la disortografía, la discalculia y la disgrafía.

Quizás la llegada de esta ley ayude a que se replantee la enseñanza, no solo por los alumnos con DEA, sino porque estamos en un momento de cambio en el que los chicos ya no aprenden como antes. El cambio beneficiará a todos.

A continuación se brinda una copia del texto publicado en el *Boletín Oficial*:

DECLÁRESE DE INTERÉS NACIONAL EL ABORDAJE INTEGRAL E INTERDISCIPLINARIO DE LOS SUJETOS QUE PRESENTAN DIFICULTADES ESPECÍFICAS DEL APRENDIZAJE (DEA)

Objeto
Artículo 1°. La presente ley establece como objetivo prioritario garantizar el derecho a la educación de los niños, niñas, adolescentes y adultos que presentan Dificultades Específicas del Aprendizaje (DEA).

Interés nacional
Artículo 2°. Declárase de interés nacional el abordaje integral e interdisciplinario de los sujetos que presentan Dificultades Específicas del Aprendizaje (DEA), así como también la formación profesional en su detección temprana, diagnóstico y tratamiento; su difusión y el acceso a las prestaciones.

Definición

Artículo 3°. Se entiende por Dificultades Específicas del Aprendizaje (DEA) a las alteraciones de base neurobiológica, que afectan a los procesos cognitivos relacionados con el lenguaje, la lectura, la escritura y/o el cálculo matemático, con implicaciones significativas, leves, moderadas o graves en el ámbito escolar.

Autoridad de Aplicación

Artículo 4°. La Autoridad de Aplicación será determinada por el Poder Ejecutivo nacional.

Funciones

Artículo 5°. La Autoridad de Aplicación tendrá a su cargo el ejercicio de las siguientes acciones:

a) establecer procedimientos y medios adecuados para la detección temprana de las necesidades educativas de los sujetos que presentan dificultades específicas de aprendizaje;

b) establecer un sistema de capacitación docente para la detección temprana, prevención y adaptación curricular para la asistencia de los alumnos disléxicos o con otras dificultades de aprendizaje, de manera de brindar una cobertura integral en atención a las necesidades y requerimientos de cada caso en particular;

c) coordinar con las autoridades sanitarias y educativas de las provincias que adhieran a la presente y, en su caso, de la Ciudad Autónoma de Buenos Aires campañas de concientización sobre dislexia y Dificultades Específicas del Aprendizaje (DEA);

d) planificar la formación del recurso humano en las prácticas de detección temprana, diagnóstico y tratamiento.

Adaptación curricular

Artículo 6°. La Autoridad de Aplicación deberá elaborar la adaptación curricular referida en el inciso b) del artículo precedente. Para garantizar el acceso al currículum común, en el caso de Dificultades Específicas del Aprendizaje tendrá en cuenta las siguientes consideraciones orientativas:

a) dar prioridad a la oralidad, tanto en la enseñanza de contenidos como en las evaluaciones;
b) otorgar mayor cantidad de tiempo para la realización de tareas y/o evaluaciones;
c) asegurar que se han entendido las consignas;
d) evitar las exposiciones innecesarias en cuanto a la realización de lecturas en voz alta frente a sus compañeros;
e) evitar copiados extensos y/o dictados cuando esta actividad incida sobre alumnos con situaciones asociadas a la disgrafía;
f) facilitar el uso de ordenadores, calculadoras y tablas;
g) reconocer la necesidad de ajustar los procesos de evaluación a las singularidades de cada sujeto;
h) asumirse, todo el equipo docente institucional, como promotores de los derechos de niños, niñas, adolescentes y adultos, siendo que las contextualizaciones no implican otorgar ventajas en ellos frente a sus compañeros, sino ponerlos en igualdad de condiciones frente al derecho a la educación.

Consejo Federal de Educación
Artículo 7°. El Consejo Federal de Educación tendrá la función de colaborador permanente para el cumplimiento de los objetivos fijados en la presente ley, como así también la de establecer un sistema federal de coordinación interjurisdiccional, para la implementación de políticas activas con el fin de hacer efectivo el derecho a la educación de niños, niñas, adolescentes y adultos que presentan dislexia y Dificultades Específicas del Aprendizaje.

Consejo Federal de Salud
Artículo 8°. La Autoridad de Aplicación deberá impulsar, a través del Consejo Federal de Salud, las siguientes acciones:
a) la implementación progresiva y uniforme en las diferentes jurisdicciones de un abordaje integral e interdisciplinario de Dificultades Específicas del Aprendizaje (DEA);
b) establecer los procedimientos de detección temprana y diagnóstico de las Dificultades Específicas del Aprendizaje (DEA);

c) determinar las prestaciones necesarias para el abordaje integral e interdisciplinario en los sujetos que presentan Dificultades Específicas del Aprendizaje (DEA), que se actualizarán toda vez que el avance de la ciencia lo amerite.

Programa Médico Obligatorio (PMO)

Artículo 9°. Los agentes de salud comprendidos en las leyes 23.660 y 23.661; las organizaciones de seguridad social; las entidades de medicina prepaga; la obra social del Poder Judicial, de las universidades nacionales, personal civil y militar de las Fuerzas Armadas, de Seguridad, de Policía Federal Argentina; la Dirección de Ayuda Social para el Personal del Congreso de la Nación y los agentes de salud que brinden servicios médico-asistenciales, independientemente de la figura jurídica que tuvieren, tendrán a su cargo, con carácter obligatorio, las prestaciones necesarias para la detección temprana, diagnóstico y tratamiento de las Dificultades Específicas del Aprendizaje (DEA).

Las prestaciones citadas en los incisos b) y c) del artículo 8° de la presente quedan incorporadas de pleno derecho al Programa Médico Obligatorio (PMO).

Artículo 10°. Comuníquese al Poder Ejecutivo nacional.

Dada en la sala de sesiones del Congreso argentino, en Buenos Aires, a los diecinueve días del mes de octubre del año dos mil dieciséis. Registrado bajo el n° 27306

Emilio Monzó-Juan C. Marino-Eugenio Inchausti-Juan P. Tunessi

Fecha de publicación: 04/11/2016

Una ley implica un derecho y un deber. Un derecho para los padres y los alumnos, ya que pueden reclamar la asistencia allí descripta, y un deber para los docentes y la institución, dado que deben capacitarse y aplicar las pautas que se especifican. Caso contrario pueden ser reprendidos a nivel formal por la inspección de la nación. La aplicación de las pautas no solo depende del docente, sino de quien dirige la institución, es decir, del equipo directivo.

Es importante que los directivos se interioricen sobre esta ley para que puedan generar la conciencia de su aplicación, no movidos por el deber, sino por lo que implica a nivel igualdad en oportunidad de educación.

Tests para evaluar en forma estandarizada habilidades cognitivas y de aprendizaje

Decodificación, fluidez lectora y comprensión

Batería de aprendizaje escolar III, de Richard Woodcock y Ana Muñoz-Sandoval. Cuenta con un listado de letras, palabras, pseudopalabras, evaluación de la comprensión y fluidez lectora. Brinda puntajes estandarizados en valor percentil y puntaje estándar, así como edad y grado equivalente de la habilidad evaluada.

Los baremos fueron realizados en Estados Unidos con población de habla hispana (latinoamericanos).

LEE-Test de lectura y escritura en español. Cuenta con un listado de letras, palabras y pseudopalabras que permite evaluar la precisión y fluidez lectora. Asimismo, incluye textos de comprensión lectora. Fue realizado por un grupo de profesionales argentinos en colaboración con investigadores españoles (Defior Citoler, Fonseca, Gottheil y colaboradores) con baremos argentinos de primero a cuarto grado. Publicado en 2006 por Paidós.

PROLEC-R. Batería de evaluación de procesos lectores. Cuenta con un listado de letras, palabras y pseudopalabras que permite evaluar también la fluidez lectora de 6 a 12 años. Asimismo, incluye textos de comprensión lectora y comprensión oral. Fue creado por Cuetos, Rodríguez, Ruano y Arribas, con baremos españoles. Fue realizado por primera vez en 1996 y su última actualización es de 2007. También cuenta con una versión para estudiantes de secundario denominada PROLEC/SE.

JEL. Cuenta con un listado de palabras en un minuto y un listado de pseudopalabras en un minuto. Fue realizada por mí junto con mi equipo de colaboradores, con baremos argentinos de primer a quinto grado. Fue publicado por primera vez en 2005 y actualizado en 2012 por JEL Aprendizaje. Cuenta con puntaje percentil.

Test de Análisis de la Lectura y Escritura (TALE). Es una prueba española realizada por Toro y Cervera en 1980 pero luego actualizada. Cuenta con un listado de letras, sílabas y palabras (mezcladas con no palabras). También dispone de textos para evaluar lectura fluida y comprensión lectora. Su estandarización no cuenta con valores percentiles pero ofrece un desvío estándar. Está diseñado para alumnos de primer a cuarto grado.

TECLE-Test de Eficacia Lectora. Se trata de frases incompletas, en las cuales el sujeto debe seleccionar la opción correcta entre cuatro posibles, durante cinco minutos. Es de aplicación colectiva. Fue realizado por Cuadro, Costa, Trias, Ponce de León y colaboradores en población uruguaya. Publicado en 2009 por Prensa Médica, en Montevideo.

DST-J. Es una batería breve o *screening* de detección rápida de las dificultades lectoras. Mide el factor de riesgo. Es de aplicación individual para niños de 6 a 11 años. Cuenta con baremos españoles y mexicanos. Fue realizado por Fawcett y Nicolson y adaptado por el equipo de TEA Ediciones.

Habilidades fonológicas

Batería de aprendizaje escolar III, de Richard Woodcock y Ana Muñoz-Sandoval. Prueba análisis de sonidos que consiste en omitir, cambiar o agregar un sonido determinado. Brinda puntajes estandarizados en valor percentil y puntaje estándar, así como edad y grado equivalente de la habilidad evaluada. Los baremos fueron realizados en Estados Unidos con población de habla hispana (latinoamericanos).

JEL. Inicialmente de mi autoría y luego actualizada y publicada por el equipo de investigación de JEL Aprendizaje cuenta con una prueba en la que se le pide al niño que oralmente (sin ver la palabra) omita o sustituya el sonido inicial, medio o final de palabras, así como el deletreo y composición de palabras. Presenta una versión de 5 a 7 años y otra de 8 a 12 años.

JELK. Batería de conciencia fonológica inicialmente de mi autoría y luego actualizada y publicada por el equipo de investigación de JEL Aprendizaje. Se trata de una prueba de fácil diseño para la evaluación de niños de 4 a 5 años, en la que se les pide que detecten dibujos que riman, que cuenten la cantidad de sílabas de los nombres de ciertos dibujos, que detecten pares de ilustraciones que comienzan con el mismo sonido, que cuenten la cantidad de sonidos de los nombres de determinados dibujos y que escriban en letras los sonidos de otros. También evalúa el reconocimiento de los nombres de las letras, las habilidades fonológicas y las habilidades iniciales de lectura y escritura.

LEE-Test de lectura y escritura en español, de Defior Citoler, Fonseca, Gottheil y colaboradores. Cuenta con una prueba de segmentación fonémica por el sonido de las letras. Presenta baremos argentinos de primer a cuarto grado. Publicado en 2006 por Paidós.

Escritura

Batería de aprendizaje escolar III, de Richard Woodcock y Ana Muñoz-Sandoval (1995, 2005, 2007). Contiene pruebas de redacción, fluidez y ortografía (dictado y corrección de un texto). Brinda puntajes estandarizados en valor percentil y puntaje estándar, así como edad y grado equivalente de la habilidad evaluada. Los baremos fueron realizados en Estados Unidos con población de habla hispana (latinoamericanos).

LEE-Test de lectura y escritura en español, de Defior Citoler, Fonseca, Gottheil y colaboradores. Evalúa la escritura ortográfica de palabras y escritura fonológica de pseudopalabras (por dictado). Cuenta con baremos argentinos de primer a cuarto grado. Publicado en 2006 por Paidós.

Test de Análisis de la Lectura y Escritura (TALE). Es una prueba española realizada por Toro y Cervera en 1980 pero luego actualizada. Dispone de algunos lineamientos para la evaluación de la escritura ortográfica y de la organización textual. Su estandarización no cuenta con valores percentiles pero ofrece un desvío estándar. Está diseñado para alumnos de primer a cuarto grado.

Memoria verbal

RAN (*Rapid Automatizad Naming*), de Denckla (1974), y una versión actualizada de Wolf y Denckla (2005). Provee del tiempo de evocación-nominación de etiquetas verbales (objetos-colores).

WISC III o WISC IV o WAIS III, de Wechsler. Evalúa la memoria inmediata (dígitos directos), memoria de trabajo verbal (dígitos inversos y letras-números) y memoria de largo plazo (información).

Batería de lenguaje, de Richard Woodcock y Ana Muñoz-Sandoval (1995). Prueba de memoria para frases.

Nivel intelectual

WPPSI III o *WISC III* o *WISC IV* o WISC V o WAIS III. Escala completa o reducida de Wechsler. Permite obtener no solo el coeficiente total de inteligencia sino el rendimiento por áreas o factores (verbal, perceptiva, memoria, velocidad de procesamiento), así como la fluctuación entre las diversas habilidades cognitivas (subtests), lo cual posibilita un mejor ajuste del tratamiento.

Evaluación del rendimiento en matemáticas

Batería de Aprendizaje Escolar III, de Richard Woodcock y Ana Muñoz-Sandoval. Prueba de resolución de cálculos escritos, fluidez para la ejecución de combinaciones matemáticas básicas, resolución de problemas y manejo de conceptos cuantitativos. Brinda puntajes estandarizados en valor percentil y puntaje estándar, así como edad y grado equivalente de la habilidad evaluada. Los baremos fueron realizados en Estados Unidos con población de habla hispana (latinoamericanos).

Test JELMATK de habilidades matemáticas en nivel inicial (5-6 años) y *JELMAT-I de habilidades matemáticas en nivel primario (primer a quinto grado)*, realizado por Pearson y Pearson, cuentan con baremos argentinos. *JELMATK* fue publicado por JEL Aprendizaje en 2014. *JELMAT-I* se encuentra en proceso de publicación.

Batería Pro-Cálculo para la evaluación del procesamiento del número y el cálculo en niños de 6 a 9 años. Esta batería fue elaborada por un equipo de profesionales argentinos (Feld y colaboradores) con la cooperación de expertos europeos. El test cuenta con estudios de fiabilidad y validez que garantizan su uso idóneo para la evaluación del procesamiento numérico y provee las normas para niños del Área Metropolitana de Buenos Aires.

Test de Evaluación de la eficacia del Cálculo Aritmético (TECA). Publicado en 2014 por Singer, Cuadro, Costa y Von Hagen, por el Grupo Magro Editores y la Universidad Católica del Uruguay. Es una prueba de velocidad para evaluar la agilidad en el cálculo mental. Cuenta con baremos uruguayos.

Evaluación de la atención

D2. Elaborado por Brickenkamp, el D2 es una prueba de atención que se aplica a partir de los 8 años. Es un test de tiempo limitado que evalúa la atención selectiva mediante una tarea de cancelación. Mide la velocidad de procesamiento, el seguimiento de unas instrucciones y la bondad de la ejecución en una tarea de discriminación de estímulos visuales similares.

La atención no se aprecia como una aptitud simple, sino que se ofrecen nueve puntuaciones distintas que informan acerca de la velocidad y la precisión junto con otros aspectos importantes como son la estabilidad, la fatiga y la eficacia de la inhibición atencional.

Escala de Conners. Cuestionario para la evaluación de conductas compatibles con el déficit de atención con o sin hiperactividad, según son descriptas en el manual diagnóstico *DSM-IV* y *DSM-V*. Cuenta con una versión para padres y otra para docentes. Permite tener una visión objetiva sobre la intensidad de las diversas conductas en el ámbito escolar y en la casa. Brinda un puntaje estandarizado de semejanza o compatibilidad con déficit de atención/hiperactividad, así como también de dificultades en la conducta.

Continuous Performance Test, de Keith Conners. Test computarizado que permite evaluar la atención sostenida. Cuenta con normas o baremos que contrastan el rendimiento con personas diagnosticadas con déficit de atención, lo cual permite brindar un coeficiente de compatibilidad con dicha dificultad, analizando tanto la atención como la impulsividad y la vigilancia en tareas de alta demanda cognitiva y en forma sostenida.

TABLA A.1

Ficha para el control de la calidad lectora[1]

	Esperado/deseable	Dificultad
Velocidad	• Rápida.	• Lenta.
Expresión	• Lee con ritmo y entonación.	• Lee con tono monótono.
Precisión	• Lee sin errores o no más de tres.	Comete numerosos errores fonéticos al leer: • sustituye letras/palabras; • agrega letras/palabras; • omite letras/palabras; • invierte letras.
Ritmo	• Pausa en los signos de puntuación o en oraciones largas.	• No respeta la puntuación. • Repite palabras. • Vacila (repite la primera sílaba).
Comprensión	• Puede responder preguntas o comentar lo que leyó. • Deduce palabras nuevas. • Puede elaborar preguntas.	• No recuerda lo que leyó o información relevante. • Tiene dificultad para responder preguntas. • No comprende algunas palabras. • Le cuesta elaborar preguntas.

---

[1] Remitimos al lector a la tabla 2.4 para que la tome como referencia de la velocidad esperada según el grado escolar.

Dibujos de pacientes con dislexia

FIGURA A.1

Ilustración de Gerónimo, 10 años. Con una historia de mucha frustración, cambio de colegio y dificultad para superar la dislexia, este pequeño artista podía expresar su habilidad en el dibujo. En el colegio fue difícil que descubrieran su gran capacidad y su habilidad para el área perceptiva.

FIGURA A.2

Dibujo de José, 11 años. Ganador de un premio por esta producción. A pesar de la dislexia es hábil en el arte e incluso en el teatro.

FIGURA A.3

Producción de María Eugenia, 14 años. Fue diagnosticada en séptimo grado, con una historia de fracaso escolar, pero desde chica sabía que era buena en la parte artística. Hoy en día se dedica a crear mandalas y dibujos, observando las imágenes que ve alrededor. También practica patín. Hizo un tratamiento de dos años que ya finalizó.

FIGURA A.4

Dibujo de Martina, 16 años. Siempre le fue mal en el colegio, incluso al día de hoy. Descubrió su habilidad artística "de casualidad" hace tres meses. Nunca fue a ningún taller. Desplegar esta destreza es un momento muy placentero para ella porque puede darse cuenta de que, a pesar de que le va mal en el colegio, es muy hábil dibujando; su capacidad es incluso mayor a la esperada.

FIGURA A.5

Ilustración de Rodrigo, 16 años. Consultó a los 15 años porque no lograba aprender a leer. Tiene un severo compromiso de la memoria y un nivel cognitivo limítrofe. Asiste a una escuela especial porque como no leía, nunca pudo superar los contenidos curriculares. Es alegre y dispuesto. A pesar de las dificultades aprendió a leer, no con fluidez pero al menos puede hacerlo y manejarse con autonomía. Esta producción es una copia de otro dibujo, que realmente le salió muy bien. A diferencia de otros chicos, Rodri sí disfruta de las cosas que le salen bien.

Palabras finales

Mi primer paciente en tratamiento tenía dislexia, déficit de atención y disgrafía. El segundo dislexia pura y el tercero dislexia y dificultades de lenguaje. Todo un desafío. Tenía tan solo 22 años, muchas ganas de aplicar lo aprendido en la facultad y de sacarlos adelante. Para mi desconcierto nada de lo vigente en la mayoría de las universidades argentinas me servía para hacer que compensaran su dificultad, y allí empezó la búsqueda. Me sumergí en libros americanos e internacionales y poco a poco en el mundo de la investigación en educación. Esto me llevó a entender que los tratamientos eficaces son los basados en evidencia científica, y esta mostraba que lo que se sabía en la Argentina en los años noventa estaba poco encaminado. La dislexia me abrió muchas ventanas, entre ellas la de la investigación. Pero también la de la creatividad, la pasión y el juego.

Con mis primeros tres pacientes (luego habría muchos más) aprendí que la dislexia puede ser diferente en cada caso, pero que tiene un patrón común que debe ser tratado enseñando a leer y no trabajando destrezas sensoriales o juegos para que luego impacten en la lectura.

Gracias a ellos se despertó la creatividad y pasión por desarrollar herramientas para detectar y tratar las dificultades de manera lúdica pero eficiente, basada en experiencia científica y aplicada en forma sistemática, porque ir al tratamiento dos veces por semana puede resultar muy cansador. Soy testigo del esfuerzo que tienen que poner los pacientes, y también puedo decir que se logra alivianar mucho si quien los trata es un profesional cálido, que sabe lo que hace e implementa un tratamiento probado como eficiente, pero buscando a la vez un tono lúdico y con sentido del humor. Descubrí que es muy importante el sentido del humor.

Agradezco cada día mi profesión y el encontrarme cada lunes, martes, miércoles y jueves con gladiadores del aprendizaje que están dispuestos a avanzar como sea, deseosos de que les muestre cómo se hace, que confíe en que ellos sí pueden, de poner en juego áreas de habilidad.

Al trabajar con pacientes con dislexia pude no solo dar rienda suelta a la creatividad sino también conectarme con esa capacidad lúdica y el humor que todos tenemos, pero que tan pocas veces sacamos a relucir. Y no solo porque propongo actividades más divertidas en los últimos minutos de la sesión, sino porque intento hacer de cada momento un desafío y disfrute. Cada momento es único e irrepetible con cada paciente, porque cada uno me enriquece con lo que aporta de su singularidad y me hace desplegar infinidad de facetas de mi personalidad que no sabía que tenía.

Tengo que hacer tres confesiones:

1) Confieso que, a pesar de no tener dislexia, siento que mi cerebro se moldeó al *modo disléxico*. Pienso en imágenes, asocio conceptos de manera inusual, genero ideas en modo intuitivo, necesito dibujar, hacer las cosas con mis manos, tengo gran capacidad de crear y estoy muy agradecida de ser así. En gran parte se lo debo a mi contacto con la dislexia desde los 18 años cuando empecé a trabajar en neuropsicología y luego a los 22, en clínica psicopedagógica.

2) Confieso que muchas de mis creaciones son compartidas con mis pacientes porque en el trabajo generamos ideas

que luego se plasman en un programa que termina ayudando a muchos otros chicos.

3) Confieso que con mis pacientes me volví muy experta (y hasta competitiva) también en los cinco o siete minutos finales de la sesión que siempre los dedicamos a jugar por el solo hecho de jugar: metegol, tejo, palitos chinos, en los que inicialmente no me sentía capaz. Hoy mis pacientes se ríen de mi concentración en el juego y de mi dificultad para dejarme ganar, y me desafían hasta lograrlo. Todavía no logro ganarles en el tiro al blanco, en juegos de *tablet* y en los de cartas con múltiples reglas que ponen en los recreos: un desafío profesional y entretenido para mi futuro.

Por último, quiero compartir la emoción que me genera ver que he acompañado en el recorrido de la escolaridad a tantos chicos, algunos desde los 4 o 5 años. Realmente es muy gratificante volver a verlos en distintas instancias cuando los recibo para un monitoreo en primaria, cuando se encuentran con nuevos desafíos en la secundaria, al iniciar la universidad o incluso al acompañarlos en la elaboración de su tesis de grado.

Me emociono cuando los padres me mandan fotos, trofeos y comparten conmigo los logros de sus hijos. Y también me emociono cuando saben pedir ayuda si la vuelven a necesitar.

Con todo esto, multiplico hasta el infinito la razón de mi vocación. Me lleno de alegría por cómo pueden afrontar las distintas etapas de sus vidas con estrategias aprendidas en ese trabajo perseverante en el consultorio, y lo más importante, ver que son autónomos y felices. Es ahí cuando comprendo que todo lo invertido valió la pena.

RUFINA PEARSON,
enero de 2017

Bibliografía por temas

Definición de dislexia y el proceso lector

American Psychiatric Association (2014): *Manual diagnóstico y estadístico de los trastornos mentales (DSM-V),* 5ª ed., Madrid, Editorial Médica Panamericana.

Bravo-Valdivieso, Luis (1995): "A four year follow up study of low socioeconomic status, Latin American children with reading difficulties", *International Journal of Disability, Development and Education.*

Cuetos, Fernando (2008): *Psicología de la lectura,* Bilbao, Wolters Kluwer.

Defior Citoler, Sylvia; Serrano Chica, Francisca y Gutiérrez Palma, Nicolás (2015): *Dificultades específicas de aprendizaje,* 1ª ed., Madrid, Síntesis.

De Jong, Peter y Van der Leij, Aryan (2003): "Developmental changes in the manifestation of a phonological deficit in dyslexic children learning to read a regular orthography", *Journal of Educational Psychology.*

Dehaene, Stanislas (2015): *Aprender a leer. De las ciencias cognitivas al aula,* Buenos Aires, Siglo XXI.

Diuk, Beatriz y Ferroni, Marina (2012): "Dificultades de lectura en contextos de pobreza: ¿un caso de Efecto Mateo?", *Revista Semestral da Associação Brasileira de Psicologia Escolar e Educacional.*

Ehri, Linnea (2005): "Learning to read words: theory, findings, and issues", *Scientific Studies of Reading.*

Fletcher, Jack (2009): "Dyslexia: the evolution of a scientific concept", *Journal of the International Neuropsychological Society.*

Fletcher, Jack; Reid Lyon, G.; Fuchs, Lynn y Barnes, Marcia (2007): *Learning disabilities: from identification to intervention,* Nueva York, Guilford.

Jiménez, Juan E.; Guzmán, Remedios; Rodríguez, Cristina y Artiles, Ceferino (2009): "Prevalencia de las dificultades específicas de aprendizaje: la dislexia en español", *Anales de Psicología.*

Jiménez González, Juan E. y Hernández Valle, Isabel (2000): "Word identification and reading disorders in the spanish language", *Journal of Learning Disabilities.*

Perfetti, Charles y Marron, Maureen A. (1998): "Learning to read: literacy acquisition by children and adults", en D.A. Wagner (ed.), *Advances in adult literacy research and development*, Nueva York, Hampton Press.

Ramus, Frank; Rosen, Stuart; Dakin, Steven; Day, Brian; Castellote, Juan; White, Sarah y Frith, Uta (2003): "Theories of developmental dyslexia: insights from a multiple case study of dyslexic adults", *Brain. A Journal of Neurology*, DOI: <dx.doi.org/10.1093/brain/awg076>, pp. 841-865, 1º de abril.

Rodríguez, Cristina; Van den Boer, Madelon; Jiménez, Juan E. y De Jong, Peter (2015): "Developmental changes in the relations between RAN, phonological awareness, and reading in spanish children", *Scientific Studies of Reading*.

Shaywitz, Sally (2003): *Overcoming dyslexia: a new and complete science-based program for reading problems at any level*, Nueva York, Alfred A. Knopf.

Shaywitz, Sally; Shaywitz, Bennett; Fletcher, Jack y Escobar, Michael (1990): "Prevalence of reading disability in boys and girls: results of the Connecticut Longitudinal Study", *Journal of the American Medical Association*, 264(8): 998-1002.

Siegel, Linda (1989): "IQ is irrelevant to the definition of learning disabilities", *Journal of Learning Disabilities*.

— (2006): "Perspectives on dyslexia", *Paediatrics and Child Health*.

— (2013): *Understanding dyslexia and other learning disabilities*, Canadá, Pacific Educational Press.

Siegel, Linda; Le Normand, Marie y Plaza, Monique (1997): "Trastornos específicos de aprendizaje de la lectura. Dislexias", en Juan Narbona y Claude Chevrie-Muller, *El lenguaje del niño. Desarrollo normal, evaluación y trastornos*, Barcelona, Masson.

Siegel, Linda y Ryan, Ellen (1988): "Development of grammatical-sensitivity, phonological, and short-term memory skills in normally achieving and learning disabled children", *Developmental Psychology*.

Signorini, Angela (1997): "Word reading in spanish: a comparison between skilled and less skilled beginning readers", *Applied Psycholinguistics*.

Snowling, Margaret y Hulme, Charles (2005): *The science of reading: a handbook*, Oxford, Blackwell.

Stanovich, Keith (1986): "Matthew effects in reading: some consequences of individual differences in the acquisition of literacy", *Reading Research Quarterly*.

— (2000): *Progress in understanding reading*, Nueva York, Guilford.

Vellutino, Frank y Fletcher, Jack (2005): "Developmental dyslexia", en Margaret Snowling y Charles Hulme (eds.), *The science of reading: a handbook*, Oxford, Blackwell.

Vellutino, Frank; Fletcher, Jack; Snowling, Margaret y Scanlon, Donna (2004): "Specific reading disability (dyslexia): What have we learned in the past four decades?", *Journal of Child Psychology and Psychiatry*.

Predictores de la lectura

Ball, Eileen y Blachman, Benita (1991): "Does phoneme awareness training in kindergarten make a difference in early word recognition and developmental spelling?", *Reading Research Quarterly*.

Cuadro, Ariel y Trías, Daniel (2008): "Desarrollo de la conciencia fonémica: evaluación de un programa de intervención", *Revista Argentina de Neuropsicología*.

Ehri, Linnea (1998): "Grapheme-phoneme knowledge is essential for learning to read words in english", en Jamie Metsala y Linnea Ehri (eds.), *Word Recognition in Beginning Literacy*, Mahwah Lawrence Enbaum Associates Publishers.

Ehri, Linnea y Wilce, Lee S. (1987). "Does learning to spell help beginners learn to read words?", *Reading Research Quarterly*.

Ferroni, Marina y Diuk, Beatriz (2010): "El nombre y el sonido de las letras: ¿conocimientos diferenciables?", *SUMMA Psicológica UST*.

Jiménez González, Juan y Artiles, Ceferino (1990): "Factores predictivos del éxito en el aprendizaje de la lectoescritura", *Infancia y Aprendizaje*.

Kessler, Brett; Pollo, Tatiana; Treiman, Rebecca y Cardoso-Martins, Claudia (2012): "Frequency analyses of prephonological spellings as predictors of success in conventional spelling", *Journal of Learning Disabilities*.

Lipka, Orly y Siegel, Linda (2007): "The development of reading skills in children with english as a second language", *Scientific Studies of Reading*.

Manis, Franklin; Lindsey, Kim y Bailey, Caroline (2004): "Development of reading in grades K-2 in spanish-speaking english-language learners", *Learning Disabilities. Research & Practice*.

Mann, Virginia y Liberman, Isabelle (1984): "Phonological awareness and verbal short-term memory", *Journal of Learning Disabilities*.

Oakhill, Jane y Cain, Kate (2012): "The precursors of reading ability in young readers: evidence from a four-year longitudinal study", *Scientific Studies of Reading*.

Pearson, Rufina; Siegel, Linda; Pearson, Josefina y Sánchez Negrete, Ana (2005): *Early detection and intervention of reading difficulties in Spanish*, póster presentado en SSSR, Toronto.

Sánchez Abchi, Verónica; Diuk, Beatriz; Borzone, Ana María y Ferroni, Marina (2009): "El desarrollo de la escritura de palabras en español: interacción entre el conocimiento fonológico y ortográfico", *Interdisciplinaria*.

Stanovich, Keith y Siegel, Linda (1994): "Phenotypic performance profile of children with reading disabilities: a regression-based test of the phonological-core variable-difference model", *Journal of Educational Psychology*.

Torgesen, Joseph; Wagner, Richard y Rashotte, Carol (1994): "Longitudinal studies of phonological processing and reading", *Journal of Learning Disabilities*.

Treiman, Rebecca; Sotak, Lia y Bowman, Margo (2001): "The roles of letter names and letter sounds in connecting print and speech", *Memory & Cognition*.

Wagner, Richard; Torgesen, Joseph; Rashotte, Carol; Hecht, Steve; Barker, Teodoro; Burgess, Stephen; Donahue, John y Garon, Tamara (1997): "Changing relations between phonological processing abilities and word-level reading as children develop from beginning to skilled readers: A 5-year longitudinal study", *Developmental Psychology*.

Estudios de neuroimagen sobre la dislexia

Eden, Guinevere y Moats, Louisa (2002): "The role of neuroscience in the remediation of students with dyslexia", *Nature Neuroscience Supplement*.

Pugh, Kenneth; Frost, Stephen; Rothman, Douglas; Hoeft, Fumiko; Del Tufo, Stephanie; Mason, Graeme; Molfese, Peter; Mencl, W. Einar; Grigorenko, Elena; Landi, Nicole; Preston, Jonathan; Jacobsen, Leslie; Seidenberg, Mark y Fulbright, Robert (2014): "Glutamate and choline levels predict individual differences in reading ability in emergent readers", *The Journal of Neuroscience*.

Shaywitz, Bennett; Shaywitz, Sally; Pugh, Kenneth; Mencl, W. Einar; Fulbright, Robert; Skudlarski, Pawel; Constable, Todd; Marchione, Karen; Fletcher, Jack; Lyon, Reid y Gore, John (2002): "Disruption of posterior brain systems for reading in children with developmental dyslexia", *Biological Psychiatry*.

Simos, Panagiotis, Fletcher, Jack M.; Bergman, Eldo; Breier, Joshua; Foorman, Barbara; Castillo, Eduardo; Davis, R. N.; Fitzgerald, M. y Papanicolaou, Andrew (2002): "Dyslexia-specific brain activation profile becomes normal following successful remedial training", *Neurology*.

Simos, Panagiotis; Fletcher, Jack M.; Sarkari, Shirin; Billingsley, Rebecca; Denton, Caroline y Papanicolaou, Andrew (2007): "Altering the brain circuits for reading through intervention: a magnetic source imaging study", *Neuropsychology*.

Genética de la dislexia

Galaburda, Albert (1989): "Ordinary and extraordinary brain development: anatomical variation in developmental dyslexia", *Annals of Dyslexia*.

Grigorenko, Elena; Wood, Frank B.; Meyer, M.S. y otros (1997): "Susceptibility loci for distinct components of developmental dyslexia on chromosomes 6 and 15", *American Journal of Human Genetics*.

Tratamiento de la dislexia

Galuschka, Katharina; Ise, Elena; Krick, Kathrin y Schulte-Körne, Gerd (2014): "Effectiveness of treatment approaches for children and adolescents with reading disabilities: a meta-analysis of randomized controlled trials", *PLoS ONE*, 9(2): e89900; DOI: <10.1371/journal.pone.0089900>.

Lovett, Maureen; Lacerenza, Lea y Borden, Susan (2000): "Putting struggling readers on the PHAST Track: a program to integrate phonological and strategy-based remedial reading instruction and maximize outcomes", *Journal of Learning Disabilities*.

Pearson, Rufina (2012): "Tratamiento de la dislexia. Resultados de la aplicación del programa cognitivo JEL", ponencia presentada en el X° Congreso de Neuropsicología de la Sociedad Argentina de Neuropsicología, noviembre.

Pearson, Rufina; Sánchez Negrete, Ana y Pearson, Josefina (2016): "Is the response to cognitive treatment (JEL) dependent on baseline reading difficulties?", ponencia presentada en el 23rd Annual Meeting of the Society for the Scientific Study of Reading, Portugal.

Pearson, Rufina; Siegel, Linda; Pearson, Josefina; Magrane, Magdalena y Rébora, Dolores (2013): "Predictores de la lectura en preescolar en una población hispanoparlante: un estudio longitudinal", *Revista Argentina de Neuropsicología*.

Richards, Todd; Aylward, Elizabeth; Berninger, Virginia; Field, Katherine; Grimme, Amie; Richards, Anne y Nagy, William (2006): "Individual fMRI activation in ortographic and morpheme mapping after orthographic or morphologial spelling treatment in child dyslexics", *Journal of Neurolinguistics*.

Ripoll Salceda, Juan Cruz y Aguado, Gerardo (2014): "Eficacia de las intervenciones para el tratamiento de la Dislexia: Una revisión", *Revista de Logopedia, Foniatría y Audiología.*

Scammacca, Nancy; Roberts, Greg; Vaughn, Sharon y Stuebing, Karla (2015): "A meta-analysis of interventions for struggling readers in grades 4-12: 1980-2011", *Journal of Learning Disabilities.*

Shaywitz, Bennett; Shaywitz, Sally; Blachman, Benita; Pugh, Kenneth; Fulbright, Robert; Skudlarski, Pawle; Mencl, W. Einar; Constable, Todd; Holahan, J. M.; Marchione, Karen; Fletcher, Jack; Lyon, Reid y Gore, John (2004): "Development of left occipitotemporal systems for skilled reading children after a phonologically-based intervention", *Biological Psychiatry.*

Torgesen, Joseph (2000): "Individual differences in response to early interventions in reading: the lingering problem of treatment resisters", *Learning Disabilities Research and Practice.*

Vellutino, Frank; Scanlon, Donna M.; Small, Sheila y Fanuele, Diane (2006): "Response to intervention as a vehicle for distinguishing between children with and without reading disabilities: evidence for the role of kindergarten and first-grade interventions", *Journal of Learning Disabilities.*

Dislexia y delincuencia/depresión

Dahle, Anne Elisabeth; Knivsberg, Ann-Mari y Andreassen, Anne Brit (2010): "Coexisting problem behaviour in severe dyslexia", *Journal of Research in Special Educational Needs.*

Ebel, Von (1980): "Dyslexia as a cause of criminal mis-development", *Mun. Med. WOC.* 122(44).

Kerr, J. (1973): "Crime and dyslexia", *Criminologist.*

Mulligan, William (1969): "A study of dyslexia and delinquency", *Academic Therapy.*

Passe, Neil Alexander (2015): *Dyslexia and mental health,* Londres, Jessica Kingsley.

Rizzo, N.D. (1975): "Dyslexia and delinquency-New Dyslexia Screening Test", *International Journal Offender Therapy and Comparative Criminology.*

Pruebas/Tests estandarizados y material de trabajo

Borzone, Ana María y Marder, Sandra (2015): *Leamos juntos. Guía del docente y cuadernillo de actividades,* Buenos Aires, Paidós.

Cuadro, Ariel; Costa, Daniel; Trías, Daniel y Ponce de León, Patricia (2009): *Evaluación del nivel lector. Manual técnico del Test de Eficacia Lectora de J. Marín y M. Carrillo*, Montevideo, Prensa Médica Latinoamericana.

Cuadro, Ariel; Trías, Daniel y Castro, Carolina (2007): *Ayudando a futuros lectores*, Montevideo, Prensa Médica Latinoamericana.

Cuetos, Fernando; Rodríguez, Blanca; Ruano, Elvira y Arribas, David (2014): *Prolec-R. Batería de evaluación de los procesos lectores*, 5ª ed. revisada, Madrid, TEA.

Defior Citoler, Sylvia; Fonseca, Liliana; Gottheil, Bárbara; Aldrey, Adriana; Jiménez Fernández, Gracia; Pujals, María; Rosa, Graciela y Serrano Chica, Francisca Dolores (2006): *LEE-Test de lectura y escritura en español*, Buenos Aires, Paidós.

Fawcett, Angela y Nicolson, Rod (2013): *DST- J. Test para la Detección de la Dislexia en Niños*, 3ª ed., Madrid, TEA.

Gottheil, Bárbara; Fonseca, Liliana; Aldrey, Adriana; Lagomarsino, Inés; Pujals, María; Pueyrredón, Dolores; Buonsanti, Luciana; Freire, Leticia; Lasala, Eleonora; Mendivelzúa, Alejandra y Molina, Sandra (2011): *LEE comprensivamente. Guía teórica y libro de actividades*, Buenos Aires, Paidós.

Pearson, Rufina (2005a): *Programa de entrenamiento cognitivo en habilidades lectoras (JEL)*, Buenos Aires, JEL Aprendizaje.

— (2005b): *Kit de entrenamiento en conciencia fonológica. Batería de evaluación de la conciencia fonológica y material de entrenamiento (JEL-K)*, Buenos Aires, JEL Aprendizaje.

— (2009): *Manual del Programa de entrenamiento en Estrategias Lectoras. Batería de evaluación y material de entrenamiento JEL*, 2ª ed., Buenos Aires, JEL Aprendizaje.

Pearson, Rufina y Pearson, Josefina (2014): *Manual del Programa de entrenamiento en habilidades matemáticas de nivel inicial. Batería de evaluación y material de entrenamiento (JELMAT-K)*, Buenos Aires, JEL Aprendizaje.

Singer, Vivian; Cuadro, Ariel; Costa, Daniel y Von Hagen, Alexa (2014): *Evaluación de la eficacia de cálculo aritmético. Manual técnico del Test de Eficacia de Cálculo Aritmético (TECA)*, Montevideo, Grupo Magro-Universidad del Uruguay.

Toro, Josep y Cervera, Montserrat (1980): *Test de análisis de lectura y escritura*, Madrid, Pablo del Río.

Tresca, María (2001): *¿Cuándo, qué y cómo estudio?*, Buenos Aires, Noveduc.

Wechsler, David (2012): *WISC-IV-Test de inteligencia para niños*, 4ª ed., Buenos Aires, Paidós.

Wolf, Maryanne y Denckla, Martha (2005): *RAN/RAS-Rapid Automatized Naming and Rapid Alternating Stimulus Tests*, Austin, PRO-ED.

Woodcock, Richard y Muñoz-Sandoval, Ana (1996): *Batería Psicoeducativa en Español-Revisada*, Itasca, Riverside.

Dislexia y bilingüismo

Geva, Esther y Siegel, Linda (2000): "Orthographic and cognitive factors in the concurrent development of basic reading skills in two languages", *Reading and Writing*.

Lindsey, Kim; Manis, Franklin. R. y Bailey, Caroline (2003): "Prediction of first-grade reading in Spanish-speaking English-language learners", *Journal of Educational Psychology*.

Lipka, Orly y Siegel, Linda (2007): "The development of reading skills in children with english as a second language", *Scientific Studies of Reading*.

Pearson, Rufina (2014): *Perfil de habilidades de lectura en español e inglés en una población argentina que asiste a escuelas bilingües*, tesis doctoral, Universidad Católica Argentina.

Pearson, Rufina (2001): *Identification of reading disabilities: an english-spanish comparison*, tesis de maestría (inédita), University of British Columbia, Vancouver; disponible en: <circle.ubc.ca/bitstream/handle/2429/11821/ubc_2001-0491.pdf?sequence=1>.

Seymour, Philip; Aro, Mikko; Erskine, J.; Wimmer, Heinz; Leybaert, J.; Elbro, Carsten; Lyytinen, H.; Gombert, J.E.; Le Normand, Marie; Schneider, W.; Porpodas, C.; Ragnarsdottir, H.; Tressoldi, Patrizio; Vio, C.; De Groot, A.; Licht, R.; Iønnessen, F.E.; Castro, S. L.; Cary, Luz; Defior, Sylvia; Martos, Francisco y Olofsson, Å. (2003): "Foundation literacy acquisition in european orthographies", *British Journal of Psychology*.

Siegel, Linda (2016): "Bilingualism and dyslexia: the case of children learning English as an additional language", en Lindsay Peer y Gavin Reid (eds.), *Multilingualism, literacy and dyslexia: breaking down barriers for educators*, Nueva York, Routledge-Talylor and Francis Group.

Trastornos asociados

Bermejo, Vicente y Blanco, Margarita (2009): "Perfil matemático de los niños con dificultades específicas de aprendizaje en matemáticas en función de su capacidad lectora", *Enseñanza de las Ciencias*.

Geary, David (2004): "Mathematics and learning disabilities", *Journal of Learning Disabilities*.

Pauc, Robin (2005): "Comorbidity of dyslexia, dyspraxia, attention deficit disorder (ADD), attention deficit hyperactive disorder (ADHD), obsessive compulsive disorder (OCD), and Tourette's syndrome in children: a prospective epidemiological study", *Clinical Chiropractic*.

Pearson, Rufina; Mullen, Catalina y Sánchez Negrete, Ana (2012): "Dislexia y dificultades comórbidas déficit atencional y dislexia: diagnóstico y evolución en el tratamiento", ponencia presentada en el X° Congreso de Neuropsicología de la Sociedad Argentina de Neuropsicología, noviembre.

Semrud-Clikeman, Margaret; Biederman, Joseph; Sprich-Buckminster, Susan; Lehman, Belinda K.; Faraone, Stephen V. y Norman, Dennis (1992): "Comorbidity between attention deficit hyperactivity disorder andlearning disability: a review and report in a clinically referred sample", *Journal of the American Academy of Child and Adolescent Psychiatry*.

Shaywitz, Bennett; Fletcher, Jack y Shaywitz, Sally (1995): "Defining and classifying learning disabilities and attention-deficit /hyperactivity disorder", *Journal of Child Neurology*.